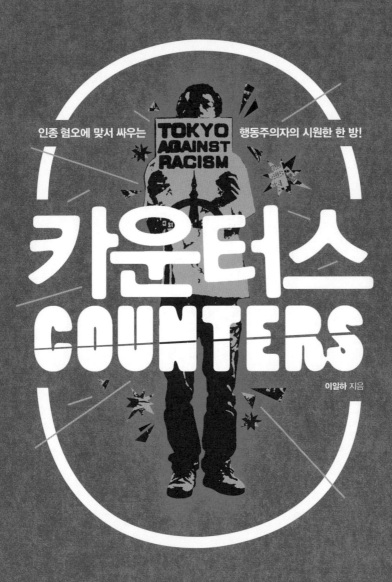

인종 혐오에 맞서 싸우는 행동주의자의 시원한 한 방!

카운터스
COUNTERS

이일하 지음

21세기북스

일러두기
1. 일본에 거주하는 재일 동포를 '재일 한국인'으로 통일해 표기했다.
2. 현장감을 위해 특정 단어는 일본어 발음을 그대로 따라서 표기했다.

차례

해산

2015년 3월 28일, 도쿄도청 바로 뒤편에 있는 신주쿠 중앙. 빌딩이 빽빽이 늘어선 도심 속에서 공원의 나무 8만여 그루에 핀 봄꽃이 사람들의 마음을 설렘으로 흔들고 있었다. 아이를 어깨에 태운 아버지, 벚꽃 나뭇가지 밑에서 사진을 찍는 연인이 보이는 공원에서 나는 묘한 기분을 느끼고 있었다.

멀리서 남자들이 나를 향해 손을 흔들며 다가오고 있었다. 양복을 입어도 한눈에 들어오는 건장한 체격에 굳은 표정을 한 남자들과 록스타를 떠오르게 하는 헤어스타일과 옷차림의 젊은이, 평생 무단횡단도 해보지 않았을 것 같은 반듯한 차림의 40대 남자까지 좀처럼 어울리지 않는 조합이었다. 하지만 그 사람들은 모두 내 동지였고, 이제는 떠나보내야 할 오토코구미(男組: 남자 조직)였다.

"벚꽃 축제가 이런 거였군. 사람들이 이렇게 많이 온다니, 놀랐네."

대장 다카하시가 중얼거렸다. 일본의 국민 축제인 벚꽃 축제에 처음 와봤다는 다카하시는 잠시 주변을 둘러보며 감회에 젖은 듯했다. 정적을 깨듯 기모토가 일본식 술통 사카다루를 내밀었다. 일본에서는 결혼식이나 축제에서 술통의 뚜껑을 깨서 나무 주걱으로 술을 나눠 마신다. 내 동지들은 '축제'를 제대로 즐기려는 듯했다.

다카하시가 가장 먼저 나무망치로 술통을 쳤다. 우리는 모두 한 번씩 돌아가며 술통을 내리쳤다. 술통 안에는 사케가 마치 아쉬움처럼, 의문처럼 출렁였다. 다카하시가 사케를 넘치도록 담아 한 잔씩 돌렸다. 서로 말을 하지 않았지만, 어떤 말을 외칠지 모두 알고 있었다.

"오토코구미 만세!"

힘찬 구호에 한가하게 벚꽃 놀이를 즐기던 주변 사람들이 우리를 힐끔 돌아보았다. '구미(組, 조직)'라는 말이 떠오르게 하는 조직 폭력배의 부정적인 이미지 때문이었을까? 우리는 다른 사람들의 시선은 개의치 않았다. 연달아 구호를 외치며 술통을 빠르게 비워나갔다. 나무로 된 술통에는 '오토코구미 해산'이라는 글자가 적힌 패가 붙여 있었다. 그날은 바로 2년 동안 숨 가쁘게 달려온 오토코구미가 해산하는 날이었다.

"오토코구미로서 해야 할 일은 다 했어."

누군가 이렇게 자축했다.

"근데 우리 정말 해산하는 거야?"

아쉬움 섞인 말도 나왔다. 아쉽기는 나도 마찬가지였다. 다카하시가 건네주는 술을 한 잔 마시고 용기를 내 머릿속에서 계속 떠돌던 질문을 던졌다.

"뭐가 두려운 건가요? 직장 때문에? 경찰에 요주의 인물로 찍혀서? 앞으론 시위 현장에 안 나간다는 겁니까?"

다카하시는 묘한 표정으로 나를 바라보았다.

"해산이 아닌 해산이라니까. 말장난이 아니야. 앞으로도 우리는 계속 활동할 거야. 이 감독은 인종 차별을 그냥 보고 넘길 수 있어? 난 그게 안 되는 사람이야. 그래서 오토코구미를 만든 거잖아. 우리 단원들, 다 그래. 우린 다시 만나게 될 거야."

다카하시의 그 말을 이해하기까지는 오랜 시간이 필요하지 않았다. 오토코구미 단원들은 오토코구미라는 이름 없이도 언제나 인종 차별에 반대하는 최전선에 서 있었으니까. 새로운 시작을 알리는 벚꽃 나무 아래서 오토코구미가 해산한다는 사실은 의미심장했다. 나는 오토코구미의 이야기를 기록으로 남기고 싶었다. 조직 폭력배를 떠올리게 하는 이름의 오토코구미. 이 조직의 정체는 무엇일까? 도대체 왜 생겨났을까? 카메라를 통해서 세상을 보고 해석했던 내가 왜 오토코구미의 단원이 됐을까? 이런 의문의 답을 찾으려면 2013년 뜨거웠던 여름으로 돌아가야 했다.

1°

거리를 점령한
헤이트 스피치

내가 보았던 일본인들

일본에서 생활한 지 16년이다. 처음에는 한국인 유학생이었고, 나중에는 일본에서 소수자 문제에 천착하는 다큐멘터리 감독으로 살았다. 그렇게 사는 동안 내 주위의 일본인들이 보여준 모습은 인종 차별과는 거리가 멀었다. 남에게 폐를 끼치는 걸 극도로 조심하기 때문에 지하철 안에서 통화를 하는 사람조차 드물었고, 처음 만나는 사람에게는 너무 예의가 바르기 때문에 오히려 거리감이 들 정도였다. 그래서 일본인과는 깊은 속내를 나눌 수 있는 친구가 되는 게 쉽지 않다는 선입견을 오랫동안 가지고 있었다. 이런 선입견은 나 혼자만의 생각은 아니었을 것이다.

일본인의 예의 바르고 공손한 특성은 그 언어에 고스란히 드러난다. 일본어 통역을 하는 친구 하나는 일본어의 특성 때문에 아무리 길게 말해도 막상 한국말로 그 내용을 옮기면 아주 짧게 끝날 때가 많다고 했다. 통역할 때 내용만 전달하면 "제대로 통역을 한 것이냐? 저쪽 일본인은 아주 공손한 표정으로 길게 말했는데, 그렇게 짤막하고 단호한 내용이었냐?"라는 항의를 받는 경우도 가끔 있다고 했다.

하지만 일본인의 조용한 표정 뒤에 다른 생각이 있을 수 있다는 문화적 차이를 이해하는 데 꽤 오랜 시간이 걸렸다. 그러나 그동안에도 나는 외국인이기 때문에 차별과 불편을 겪기는 했지만, 외국인 중에서 한국인이라는 이유로 차별을 당한 적은 없었다.

특히 일본 생활에 익숙해질 무렵, 일본인들과 만나는 일은 더 쉬워졌다. 일본을 뜨겁게 달궜던 한류 열풍 때문이었다. 일본인들은 내가 한국인이라는 사실을 아는 순간 곧장 "나는 배용준 팬이다.", "나는 카라를 좋아한다."라는 고백을 쏟아냈다. 그런 주제가 나오는 자리는 첫 만남의 어색함을 느낄 겨를도 없이 대화가 술술 이어졌다.

이런 변화는 일본인들에게도 갑작스러운 일이라고 했다. 또래의 일본인 친구들도 자기가 한국인인 나와 친해진 것을 신기하게 여겼다.

"내가 대학을 다닐 때만 해도, 난 중국이랑 한국이랑 같은 나라인 줄 알았거든."

"에이, 아무리 그래도 비행기로 한 시간밖에 안 걸리는 이웃 나라인데…"

친구의 말에 놀라자 친구는 자기가 또래보다 특별히 무식한 것도, 국제 문제에 관심이 없는 것도 아니라고 했다. 2002년 한국과 일본이 월드컵을 공동으로 개최하면서 일본 TV에 한국을 다룬 특별 프로그램이 자주 방영되면서야 한국에 대해 알게 됐다는 것이다.

"김치찌개 너무 맛있어. 일주일에 한 번은 먹어줘야 해."

내 친구는 한국 음식을 먹으러 가자고 나를 보챌 정도로 한국 음식 마니아가 됐다. 신주쿠 신오쿠보 역 부근의 한류 거리는 한류 팬들이 몰려들어 지나가려면 사람들끼리 어깨를 부딪치지 않을 수 없을 정도였다.

그렇게 뜨거운 한류의 물결에 젖어 있던 내가 재일 한국인이 겪는 차별 문제를 생생하게 접하게 된 것은 2013년에 〈울보 권투부〉를 취재할 때였다. 다큐멘터리를 기획할 때는 '재일 한국인이 일본에서 소수자로 살면서 맺힌 한을 주먹으로 맞서지 않았을까?'라고 막연하게 생각했다. 그렇지만 일본 땅에서 태어나 생김새도 일본인하고 비슷하고 언어의 장벽도 없는 아이들이 일상생활에서 큰 차별을 느낄 거라는 생각은 하지 못했다. 그런데 취재를 하는 도중에 접한 인터뷰 때문에 매우 놀랐다. 학교 권투부 출신의 프로 권투 선수가 링에 오를 때마다 "일본 학생한테 질 수 없다!"라는 말을 되뇌었기 때문이다. 시합 때마다 강렬한 투지를 보여줘서 감탄하자 그 선수는 오히려 그런 내가 이상하다는 표정으로 되물었다.

"감독님은 그런 말 들어본 적 없습니까? '어이 조선총, 조선총(한국인을 비하해 부르는 말).' 우리를 이렇게 부르잖아요. 차별이나 이지메는 매일 겪고 있습니다. 어릴 때는 내가 왜 조선인으로 태어났지? 이렇게 원망하기도 했습니다. 그러니까 일본인이랑 겨루는 시합은 꼭 이겨야 한다고 생각하는 게 당연하지 않습니까?"

재일 한국인과 일본에 체류하며 일하는 한국인인 내가 접하는 일본은 전혀 달랐다. 일본인들이 외국인인 내게 제 속내를 온전히 드러내지 않은 것일 수도 있다. 그러나 분명한 사실은 일본 안에서도 공공연하게 차별적인 말을 하고 이지메를 하는 행동은 '사회악', '찌질한 행동'으로 손가락질을 받는다는 것이다.

그런데 얼마 지나지 않아 친절하고 공손한 얼굴 뒤에 사실은 인종차별적인 혐오를 감추고 있는 일본인들을 직접 마주하게 되었다. 이 사람들은 더는 모니터 뒤에 숨어 있지 않고 2013년 거리로 무리 지어 나왔다. 생전 처음 들어보는 충격적인 욕설과 함께 말이다.

헤이트 스피치의 충격

"조선인은 돌아가라!"

"조선인을 두드려 패서 내쫓자!"

"조선인을 죽이자!"

2013년 3월 31일, 그날의 충격은 지금도 잊을 수 없다. 나는 〈울보 권투부〉를 촬영하고 있었다. 도쿄 히비야 공원에서 재일본조선인총연합회(조총련) 계열의 학교를 '일본 고교 무상교육' 대상에서 제외하기로 한 조치에 항의하는 평화 시위가 열린 참이었다. 4천 명에 달하는 조총련 계열의 학생, 학부모, 시민단체 관계자가 공원을 가득 채웠다.

평화 시위가 열린 공원 한구석에 갑자기 일본인들이 수백 명이나 모이기 시작했다. 그 사람들은 이동식 마이크를 꺼내 들고 무슨 말을 외치기 시작했다. 처음에는 조총련을 지지하는 일본인들이라고 생각

도쿄조선중고급학교 권투부 소년들의 모습을 통해 일본에 사는 재일 한국인의 모습을 담아
낸 다큐멘터리 〈울보 권투부〉의 장면들.

했다. 그런데 그 사람들이 내뱉는 말들이 내 귀에 꽂히는 순간, 나는 경악을 금치 못했다. 격양된 목소리가 조선인들을 향한 혐오 발언을 쏟아냈기 때문이다. 단순히 싫어한다거나 혐오한다는 내용이 아니었다. 한글로 "독을 먹여라!", "조선인은 기생충"이라고 적힌 피켓도 보였다. 차마 한국어 자막으로 옮기고 싶지 않은 온갖 욕설이 카메라에 담기기 시작했다.

전혀 예상하지 못한 일이었다. 애초에 그날의 집회는 이런 욕설을 들을 게 아니었다. 평범하고 온화해 보이는 얼굴을 한 사람들이 이렇게 무지막지한 욕설을 내뱉는 아이러니한 상황에 나는 속된 말로 '멘붕'했다. 반면 오히려 재일 한국인들은 침착했다. 자신의 바로 앞에 무차별적으로 던져지는 폭력적인 말들을 처음 듣는 게 아닌 듯했다. 재일 한국인 학부모들은 조용하고 차분한 목소리로 자신들을 향한 혐오 발언에 항의했다.

"일본에서 태어나고 자라서 납세의 의무를 다하는데 왜 우리 아이들이 교육을 받을 권리는 없다는 겁니까?"

그 말에 돌아온 대답은 어이가 없었다.

"시끄러워, 총. 너희 나라로 돌아가!"

"조선인들은 가릴 것 없이 죽여 버릴 거야."

거리에서 어깨라도 부딪친다면 한껏 미안해할 예의 바른 청년들, 지하철 안에서 옆 사람이 불편할까 봐 이어폰의 볼륨까지 신경 쓰는 배려 많은 어른들, 그 사람들이 눈을 부라리며 일사불란하게 움직였다. 그 사람들이 토해내는 목소리에는 마치 오랫동안 참아온 울분이 서려 있는 듯했다. 혐오 발언을 쏟아내는 인종 혐오주의자들하고 마주한 첫 만남은 내가 지금까지 보지 못한 일본의 또 다른 면을 보여줬다.

그날의 충격은 끝이 아니라 시작일 뿐이었다. 2013년 여름, 재일 한국인을 향한 혐오 발언은 거의 매주 도쿄 중심부를 뒤덮었다. 재일 한국인을 증오한다고 드러내는 것을 넘어 차별을 선동하는 구호들이 넘쳐났다. 온몸을 파고드는 듯한 모욕적인 언사를 들으며 나는 이것들을 카메라에 담아야겠다고 생각했다. 그 사람들의 목소리를 언론에서는 '헤이트 스피치(hate speech, 특정 집단에 대한 공개적 혐오 발언)'라고 부르기 시작했고, 헤이트 스피치는 곧 언론사들과 광고대행사 등에서 뽑은 그해의 유행어가 됐다. 일본 경찰청의 발표에 따르면 1년 동안 헤이트 스피치 선전 활동이 전국에서 120건이 신청됐다고 한다. 이 헤이트 스피치의 대부분은 재일 한국인을 겨냥한 것으로, 재일 한국인들은 3일에 한 번꼴로 헤이트 스피치에 노출된 셈이었다. 이 혐오 발언의 뿌리는 내 생각보다 훨씬 깊었다.

인터넷을 점령한 넷우익

사랑에 국경이 없듯이 증오에도 국경이 없다. 증오의 표현인 헤이트 스피치는 비단 일본뿐만 아니라 세계 곳곳에서 공통으로 일어나는 현상이다. 과거 독일의 나치가 유대인과 집시를 증오했듯이 지금 일본의 극우 세력은 재일 한국인을 증오의 대상으로 지목했다. 특히 인터넷이 발달하면서 이런 혐오와 증오의 표현들은 오프라인보다 온라인에서 더 활발하게 이어졌다.

인터넷에서 확인되지 않은 '카더라'가 퍼지는 것은 어느 나라나 마찬가지다. 보통 반사회적이거나 반정부적인 의견이 선동적인 발언과 함께 공유된다. 지금 한국에서 문제가 되는 '일베('일간 베스트 저장소'의 줄임말)'가 우익이라는 방향성을 지니고 문제가 있는 발언을 내뱉는 것처럼 일본에도 우익적인 성향을 띠는 사람들이 주로 방문하는 인터넷 근거지인 '2채널(2ch)'이 있다. 2채널에서 활동하는 사람들을 '넷우익'이라고 부르는데, 그 사람들은 인터넷 게시판에 "외국인들 때문에 일본이 어렵다."거나 "좌익과 맞서 싸워야 한다."라는 주장을 끊임없이 올린다. 이 글은 트위터나 블로그를 통해 빠르게 공유된다.

나도 일본어를 제대로 알기 전에 무심결에 접속한 적이 있을 정도로 2채널은 규모가 큰 사이트다. 그저 다양한 의견이 충돌하는 한국의 인터넷 자유 게시판 정도로 생각했다가 너무나 편향적인 의견에 놀란 적이 있다. 대부분의 일본 언론들이 일본의 전쟁 책임을 이야기하는 동안 2채널에서는 "언론은 좌익!", "진실은 인터넷에만 있다."라는 주장이 도배됐다. 외국인, 여성 권리, 좌파 정당, 시민 단체, 언론 등 공격하는 대상도 다양했다. 그리고 그중에서도 지금 일본 사회를 망친 주범으로 재일 한국인을 꼽는 사람이 많이 있었다. 그 사람들은 한일 관계에 이상기류가 감지될 때마다, '언론과 학교가 숨겨온 한일 관계의 진실'이라는 제목의 글을 올리고 인터넷으로 통해 퍼트리며 여론을 몰아갔다. 한국과 일본이 스포츠 경기로 맞붙을 때, '한국의 월드컵 4강 신화'를 헐뜯는 글이 올라오면 옹호하는 댓글이 줄을 이었다. 더불어 '일본에 있는 재일 한국인들이 일본인의 권리를 빼앗

일본의 우익 성향을 띤 인터넷 사이트 '2채널'의 메인 화면.

고 있다'는 요지의 글은 SNS에서 무한대로 퍼져나갔다. '총', '재일 한국인은 죽어 버려!' 등의 막말과 함께 말이다.

2채널 게시판에 올라온 재일 한국인을 향한 혐오 게시물을 고스란히 옮긴 만화책도 있다. 2005년 『만화 혐한류』라는 제목으로 출간된 이 책은 대형 서점에서 베스트셀러라고 소개되고 있었다. '한류'를 혐오한다고? 한류라면 방송 프로그램과 가수 등을 생각했기 때문에 연예인 가십을 다룬 만화인 줄 알았다. 제법 말풍선이 빽빽한 이 만화는 대학생 연구 동아리에 들어온 신입생 두 명이 한국의 '진짜' 모습을 알아간다는 내용이었다. 등장인물 중에는 재일 한국인도 있었다. 만화 속에서 일본인은 온화하고 논리적이지만, 재일 한국인은 화를 잘

내는 다혈질로 그려져 있었다.

'뭐, 이 정도야. 만화니까.'

처음에는 대수롭지 않게 넘겼지만, 페이지를 넘길수록 의외의 내용에 경악하고 말았다. 만화는 이제까지 일본인들이 독도, '위안부', 식민지 시대 등에 대해 자유주의 세력과 언론의 주장을 비판 없이 받아들여 왔다고 주장했다. 그리고 한국은 일본 영토인 '다케시마'를 침략했고, 한국에는 더 사죄하거나 보상할 필요가 없다는 내용이 나왔다. 지금까지 진보 세력이 주장한 내용은 모두 틀렸고, 그 주장을 비판 없이 받아들였다는 사실을 각성해야 한다고 했다. 심지어 등장인물 중 하나인 재일 한국인도 이 연구회의 가르침에 순순히 수긍한다. 그때만 해도 이런 얼토당토않은 만화가 베스트셀러라니 일본의 만화 독자층은 정말 다양하고 두텁다고 여기며 대수롭지 않게 넘어갔다.

하지만 이 책은 일본 아마존 1위를 기록했고 대형 서점에서도 판매 고공행진을 이어갔다. 지하철 안에서 이 책을 읽고 있는 사람과 우연히 마주친 적도 몇 번 있었다. 옆 사람에게 폐가 될까 봐 다리를 모으고 앉은 남자였다. 책에 몰입했다가 흥분한 듯 눈썹을 추켜세우는 그 남자를 보면서 궁금했다.

'과연 내가 한국 사람이라는 사실을 알면 어떻게 반응할까?'

대학에 다닐 때는 한국과 중국을 구별조차 하지 못했던 일본인 친구에게 『만화 혐한류』를 본 적 있느냐고 물어 봤다.

"인터넷에서 화제가 되고 있다는 건 알아. 근데 누가 그런 내용을 믿겠어?"

친구는 시큰둥하게 대꾸했다. 심지어 우익 성향이 있는 친구들조차

『만화 혐한류』 1권의 표지.

이렇게 항의했다.

"2채널처럼 욕설로 도배된 사이트를 우익 사이트라고 부르지 마! 우익으로서 기분 나쁘다고."

우익조차도 그 내용과 표현에 동조할 수 없어 넷우익이라고 다르게 부른다며 친구는 그 사이트에 올라오는 글은 '화장실 낙서'하고 다르지 않다고도 했다. 2007년부터 이런 극우적인 표현을 일삼는 개개인들이 온라인에서 단체를 만들기 시작했다. 당시만 해도 그 온라인 단체를 주목하는 사람들은 없었다. 그런데 온라인에서 익명으로 떠돌던 사람들이 현실에 나타나기 시작했다.

특권 계급이 된 재일 한국인

2009년 넷우익들이 열광하며 공유한 동영상이 있었다. 교토 조선 제1초급학교 앞에 모인 사람들의 '활약상(?)'을 확인할 수 있는 동영상이었다.

"조선인은 김치 냄새가 난다!"

"똥이나 먹어라!"

동영상에 등장하는 사람들은 불과 10여 명이었지만, 그 사람들의 목소리는 교정에 쩌렁쩌렁 울려 퍼졌다. 학교 관계자는 처음 겪는 일에 대항조차 하지 못했다. 충격을 받은 멍한 얼굴들이 고스란히 보였다. 혐오의 화살은 점심을 먹고 있던 유치원생과 초등학생에게 그대로 날아가 꽂혔다. 게다가 이것이 끝이 아니었다.

두 달 뒤인 2010년 1월, 또 한 번의 습격이 있었다. 이번에는 확성기가 달린 차량까지 동원해 재일 한국인을 향한 비방을 계속했다. 시위대는 10여 명에서 50여 명으로, 3월에는 무려 100여 명으로 늘었다. 혐한 시위 예고 동영상과 그 현장을 찍은 동영상은 넷우익 사이에서 화제를 낳았고, 동영상 중에서는 조회 수가 10만 건을 넘긴 것도 있었다.

일본 넷우익의 턱없는 주장과 재일 한국인을 향한 비하 발언에 분노했지만 들을 가치도 없는 이야기라고 귀를 닫았다. 이런 무관심의 그늘 속에서 재일 한국인들의 고통을 자양분 삼아 넷우익이 성장하고 있었다. 이 동영상에 등장한 사람 중 다수는 '재일특권을 용납하지 않는 시민 모임(在日特を許さない市民の会, 재특회)'이라는 이름으로 활

2009년 12월 4일, 재특회 회원들이 수업 중인 교토 조선제1초급학교의 교문 앞에서 혐오 시위를 벌이고 있다. 혐오 시위를 벌인 이유는 교토 조선제1초급학교가 공공 공원을 부당하게 사용하는 일에 항의하기 위해서라고 밝혔다.

동하고 있었다. 재특회가 말하는 재일특권 앞에는 '재일 한국인'이라는 단어가 괄호 안에 담겨 있었다. 나는 넷우익이 왜 그토록 재일 한국인을 협박하는지 궁금했다. 재특회가 주장하는 재일 한국인의 '특권'은 다음과 같다.

1. 특별 영주 자격: '입국관리특례법'에 의해 인정된 자격으로, 재일 한국인·조선인만을 대상으로 한 특권이다. 일본인과 다를 바 없는 생활이 보장된다.

2. 조선학교 보조금: 조선학교는 '각종 학교'로 분리돼 있는데도 지방자치단체의 지원을 받고 있다. 교육법 1조에서 지정한 학교와 동등한 권리를 누린다.

3. 생활보호 우대: 재일 한국인에 대한 생활보호 지원금이 다른 재일 외국인에 대한 생활보호 지원금보다 더 높다. 2006년 통계에 따르면 외국인 생활보호 대상자의 약 70퍼센트는 재일 한국인이다.

4. 통명 제도: 재일 한국인은 범죄를 일으켜도 '통명(通名, 한국 이름이 아닌 일본식 이름.)보도'에 의해 본명이 밝혀지지 않는다.

이 밖에도 재일 한국인이 누린다는 다른 특권들이 '카더라' 통신으로 떠돌고 있었다. 재일 한국인은 수도 요금, NHK 수신료, 자동차세를 면제받고, 통근 정기권을 할인받으며, 공직과 언론사에 우선 채용된다는 것이다. 너무 상세하게 "내 친구 중에 재일 한국인이 있는데"라는 말과 함께 적혀 있어서 나조차도 처음에는 혼란스러웠다. 일본으로 귀화한 재일 한국인 친구에게 조심스럽게 재특회의 주장이 사실인지 물어봤다. 내 질문에 친구의 눈빛이 순간 경멸의 빛으로 번뜩였다가 이내 쓸쓸한 기색으로 변했다.

"재일 한국인이 그런 특권을 누린다면, 왜 내가 부모님 가슴에 못을 박으면서 귀화를 했겠어?"

재일 한국인은 선거권이 없다. 원칙상 국가 공무원도 될 수 없다. 지방 공무원은 가능하지만, 정부 기관에 취업하는 일은 제한된다. 국민연금도 1981년까지 국적 조항이 있어서 재일 한국인은 가입조차 할 수 없었다. 따라서 대부분의 재일 한국인 1세들은 국민연금을 받지 못하는 상태다. 하지만 넷우익이 퍼트린 말도 안 되는 '카더라' 선동은 아직도 재일 한국인들을 괴롭히고 있었다.

재특회의 등장

재특회라는 이름이 최근 익숙해진 독자도 있을 것이다. 2015년 12월, 야스쿠니 신사에서 일어난 폭발음 사건의 용의자로 한국인이 체포됐다. 그러자 요코하마 한국 총영사관에 인분 상자가 투척 됐다. 그 상자에는 '재특회'라는 이름이 선명했다. 그 이름은 일주일 뒤 일어난 혐한 시위 현장에 다시 나타났다.

재특회가 한국에 가장 먼저 알려진 계기는 2011년 10월경, 후지 TV 드라마의 주인공으로 캐스팅된 여배우 김태희를 퇴출하자는 시위였다. 재특회는 김태희가 2005년 스위스에서 열린 독도 홍보 행사에 참여해 독도가 한국 땅이라고 한 발언을 문제 삼아 '반일 배우'라는 꼬리표를 붙였다. 당시 일본 안에서도 여배우 한 명을 공격하는 시위는 상식 밖의 일이라는 의견이 지배적이었다. 하지만 재특회의 시위는 후지 TV에 이어 '반일 배우'를 광고 모델로 기용한 제약 회사 앞으로 이어졌다. 구호는 더 살벌해졌다.

"반일 여배우 김태희는 일본에 오지 마라!"

"김태희가 일본에 오면 죽이겠다!"

한국 방송국에서 온 취재진 앞에서도 무시무시한 협박을 해댔다. 그 기세에 밀려 광고주는 광고 제작 발표회를 취소했고, 광고 편성도 보류했다. 무엇보다 충격적으로 다가온 것은 재특회의 당시 회장인 사쿠라이 마코토(桜井誠)의 말이었다.

"조선인을 때려죽여라!"

헤이트 스피치는 인터넷 동영상에서 처음 시작됐다. 특히 재특회는 자신들이 운영하는 '니코니코 채널'을 통해 사쿠라이 마코토 회장의 일거수일투족을 생방송으로 전했다. 유료 채널이지만 접속자가 많아 재특회 활동에 든든한 돈줄이 된다는 소문도 있다.

"신격화가 따로 없군."

이런 말을 중얼거리며 당시 생방송이 된 동영상을 살펴보았다. 이미 지면으로 본 내용을 확인하는 정도였다. 새로운 내용은 더 없었다. 그런데 2008년 12월에 니코니코 채널을 통해 생중계된 동영상을 클릭한 순간 몸속의 피가 얼어붙는 듯했다. 사쿠라이 마코토의 뒤로 보이는 장소는 분명 우토로(ウトロ)였다. 일본 정부에 의해 동원된 재일 한국인 노동자들이 토지점유권 문제로 외로운 싸움을 벌이고 있는 곳이었다. 낡고 초라한 우토로 한인촌 골목을 사쿠라이 마코토의 새된 목소리가 헤집고 있었다. 동영상에는 촬영에 나선 예닐곱 정도의 재특회 회원들이 키득대는 웃음소리가 배경처럼 깔렸다.

"정말 이곳은 어처구니없는 곳이군. 당신들은 범죄자잖아. 불법 점거하고 있다고."

사쿠라이 마코토는 살벌한 목소리로 이렇게 말했다.

"자위대 대원들은 여기에 총격을 가하십시오."

재특회의 헤이트 스피치는 강도를 더해가며 우토로에서 교토 조선 제1초급학교로, 나아가 2013년 오사카와 도쿄의 거리로 울려 퍼지고 있었다.

재특회 회장과의 첫만남

사쿠라이 마코토를 실제로 만난 적이 있다. 2013년, 재특회를 중심으로 한 넷우익이 주말마다 도쿄 한인촌 신오쿠보 거리로 몰려나올 때였다.

"바퀴벌레 같은 한국인! 죽여라!"

이런 소리가 먼저 귓전을 때렸다. 곧 저 멀리 일장기와 일본의 군국주의를 상징하는 욱일승천기를 앞세운 시위대가 보였다. 그 선두에 한 남자가 걸어 나오고 있었다. 카메라를 줌인해 남자의 얼굴을 확인했다. 체구는 다소 통통했고, 안경을 쓴 얼굴은 동그랬다. 표정은 결의에 찬 듯 딱딱하게 굳어 있었다. 동영상을 통해 얼굴을 미리 보지 않았더라도 그 남자가 사쿠라이 마코토라는 걸 알아볼 수 있었을 것이다. 사쿠라이 마코토는 거리로 나온 넷우익에게 슈퍼스타였다. 사쿠라이 마코토가 확성기를 들자 주위가 한순간에 조용해졌다. 그 사람과 악수 한 번 나누려는 사람들이 가득 몰려들었다.

"여러분, 재일 한국인과 싸우려면 각오를 단단히 해야 합니다!"

사쿠라이 마코토는 나이와 성별을 가릴 것 없이 윽박질렀다. 그래도 시위대는 황홀경에 빠져 환호를 내지르고 손뼉을 쳤다. 그 모습이 마치 '다단계' 같다고 사람들이 비꼬는 이유를 알 것 같았다. 사쿠라이 마코토를 에워싼 사람들 사이로, 나도 모르게 카메라를 든 채 뛰어들었다. 사쿠라이 마코토에게 한국인으로서 최소한의 '항의'를 하고 싶었다. 물론 인터뷰도 필요했다. "당신이 주장하려는 재일 특권이 있기나 한 겁니까? 이건 악의적인 선동입니다."라고 말하고 싶었다.

그런데 사쿠라이 마코토가 고개를 돌리기도 전에 억센 손아귀가 내 목을 감아쥐었다. 날카로운 눈매를 한 남자의 얼굴이 보였다. 갑작스레 일어난 일이라 당황한 사이, 사쿠라이 마코토는 이미 내 카메라의 앵글에서 벗어나 있었다. 가까스로 목에 감긴 팔을 풀어내고 이게 무슨 짓이냐며 항의했다. 명백한 폭행이었다. 하지만 날카로운 눈매를 한 남자는 말없이 따라오지 말라는 손짓을 하며 사쿠라이 마코토의 곁으로 걸음을 옮겼다. 다시 보니 경호원으로 보이는 젊은 남자 몇 명이 사쿠라이 마코토 주변을 감싸고 있었다. 이후에도 몇 차례나 재특회 회원들로부터 촬영을 제지당했다. "뭘 찍는 거냐?"라는 거센 항의는 다반사였고, 신체적인 위협도 여러 차례였다. 사쿠라이 마코토를 쉽게 인터뷰할 수 없을 거라고 생각했다. 게다가 2014년 11월 사쿠라이 마코토는 니코니코 채널의 생방송에 출연해서 돌연 퇴임을 선언했다. 아주 심각한 얼굴로 사쿠라이 마코토는 이런 말을 남겼다.

"여러분을 믿고 회장을 그만둡니다. 죽는 것은 아닙니다. 나는 하지 못한 일이지만 여러분은 날아주십시오!"

　마치 핍박을 받는 순교자 같은 말투였다. 어찌 보면 가문의 철천지 원수에게 복수해달라고 호소하는 무협지의 한 장면 같기도 했다. 그런데 그런 사쿠라이 마코토가 정확히 1년 후, 넷우익의 '이론'은 얼마든지 설명해줄 수 있다며 새삼스럽게 인터뷰 요청에 응해왔다.

사쿠라이 마코토와의 인터뷰

　2015년 12월 17일, 촬영을 위해 카메라와 장비를 챙기면서 도쿄의 날씨가 갑자기 쌀쌀해진 걸 느꼈다. 오랜 기다림 끝에 재특회의 전 회장, 하지만 여전한 실세인 사쿠라이 마코토와 인터뷰를 하기로 한 날이었다. 일거수일투족이 생중계되던 재특회 회장 자리에서 퇴임한 뒤, 별다른 노출을 하지 않았던 사쿠라이 마코토가 돌연 한국인 감독에게 인터뷰를 응한 이유는 분명해 보였다.

　당시 한일 양국 미디어를 장식한 뉴스가 하나 있다. 2015년 11월 23일, 야스쿠니 신사의 공중 화장실에서 한 차례의 폭발음이 들린 사건이 터졌다. 일본 경찰은 CCTV를 분석해 27세의 한국인 전 모 씨를 용의자로 지목해 체포했다. 넷우익은 이미 비난으로 들끓고 있었다. '한국인은 테러리스트'라는 선동적인 표현도 종종 눈에 띄었다. 사쿠라이 마코토는 아마도 자신들이 한국을 향해 퍼붓는 비난이 근거 있는 비난이라고 득의만만해하고 있을 것이었다.

　재특회 사무실은 아키하바라 역 근처에 있었다. 하지만 재특회는 인터뷰를 수락한 뒤에도 만날 때까지 경계를 풀지 않았다. 마치 비밀 접선이라도 하는 것 같았다.

"아키하바라 역으로 오세요."

"북쪽 편의점 앞으로 오세요."

이런 식의 일방적인 지시만 떨어졌다. 30여 분 거리에서 기다리자 한 남자가 느긋한 걸음걸이로 다가와 말을 걸어왔다. 그 남자는 자기가 재특회의 홍보담당자라고 했다.

"멀지 않아요. 걸어가죠."

지금 생각해보니 내가 다른 동행을 데리고 오지는 않았는지 주변 건물에서 확인하고 모습을 드러낸 것 같았다. 재특회는 주로 여행이나 출장 때문에 임대하는 맨션 한 채를 빌려 사무실로 사용하고 있었는데, 사무실은 준비해간 촬영 장비조차 다 설치하지 못할 정도로 협소했다. 재특회는 이곳을 상근자 없이 회의나 인터뷰 등 행사가 있을 때만 사용하고 있었다. 그 좁은 공간을 떠나지 않은 채, 내 행동에서 한시도 눈을 떼지 않는 남자가 있었다. 고개를 들어보니 2013년에 내 목을 조른 경호원이었다.

"지난번에…."

그러나 그 남자는 대답을 하는 대신 방을 나갔다. 잠시 후 사쿠라이 마코토가 방 안으로 들어왔다. 단정한 양복 차림에 트레이드마크인 나비넥타이를 맨 채였다. 사쿠라이 마코토는 어지럽게 널린 촬영 장비를 조립하느라 복도 바닥에 쪼그리고 앉은 나를 보면서 어이없는 농담을 건넸다.

"여기가 일본 최대 시민단체의 사무실인데 지원금이 없다 보니 꼴

아키하바라에 있는 재특회 사무실의 외관과 내부의 모습.

이 이 모양입니다. 한국에서 우리 단체를 후원해주면 좋을 텐데요."

사쿠라이 마코토는 한국 매체에 이미 여러 차례 인터뷰를 한 경험이 있다면서 넷우익이 얼마나 성장했는지 자랑했다. 묘한 웃음을 띤 채였다.

사쿠라이 마코토는 자기가 베스트셀러 작가가 됐다며 매우 만족스러워했다. 2014년 9월에 출판한 『대혐한시대(大嫌韓時代)』가 잘 팔렸고, 거기다 이미 집필을 끝낸 책이 8권이나 남아있다고 했다. 헤이트 스피치가 비난받는 일에도 전혀 개의치 않았다. 사쿠라이 마코토의 주장에 따르면 한국인이 헤이트 스피치를 당할만한 일을 했다는 것이다. 그렇게 말하며 기억이 잘 안 난다는 듯 야스쿠니 신사 테러 사건의 용의자를 줄곧 '당신의 한국 친구'라고 불렀다. 그 용의자가 어느 경찰서에 수감됐는지부터 담당 경찰은 누구인지까지 자세히 알고 있으면서 말이다. 이번 테러 사건을 보면 자신이 예전부터 주장해온 '한일 수교 단절'이 정당한 요구라는 걸 알 수 있다며 흥분해서 말을 점점 더 빨리했다.

사쿠라이 마코토는 언론 인터뷰를 할 때면 스마트폰을 이용해 그 모습을 인터넷으로 생중계했다. 영국 BBC 방송하고 인터뷰할 때도 그렇게 했고, 내가 인터뷰할 때도 그 과정을 몰래 생중계하고 있었다. 넷우익은 사쿠라이 마코토의 혐오 발언에 실시간으로 열광하며 반응하고 있었다. 사쿠라이 마코토의 말을 카메라에 담기 위해 듣기 힘든 궤변을 참으려고 했다. 하지만 나도 한국 사람이다. 내 속에도 반발이 들끓었다. 사쿠라이 마코토는 10년 동안 재일 한국인을 표적으로 근거 없는 유언비어를 퍼트려 왔다. 자신들의 뜻에 거슬리는 사람에게는 모두 '조센징'이라는 딱지를 붙였다. "원자력 발전을 반대하는 놈들은 조선인이다!"라는 구호까지 있었다.

사쿠라이 마코토는 분명 한국과 관련된 모든 정보를 탐독하고 자신의 '주장'을 뒷받침할 근거를 열심히 찾는 것처럼 보였다. 심지어 댓글까지 샅샅이 살펴보는 듯했다. 우리가 "어느 초딩이 이런 댓글을 달았지?"라고 생각해 무시하고 넘길 말도 안 되는 '악플'까지도 "한국은 반일국가다."라는 자신의 주장에 들어맞으면 인용할 정도였다.

나는 일본에서 일본인과 같이 사는 한국인들이 도대체 무엇이 다른지, 그 사람들에게 어떤 특권이 있는지 물었다. 내 질문에 사쿠라이 마코토는 비웃음을 띤 얼굴로 이렇게 말했다.

"자이니치(재일 한국인)가 일본인이랑 다른 점은 너무 많아서 말입니다. 어떤 것부터 말해야 할까요? 예를 들면 걸핏하면 여기저기서 범죄를 저지릅니다. 일본에서도 마찬가지고요. 한 마디로 '어글리 코리안'입니다. 자이니치들은 화내지 않으면 정서가 안정되지 않습니다. 그러니까 한국인인데 일본에 와서 권리와 특권을 달라며 소란을 피우죠. 자신들이야말로 민족주의자로서 일본을 차별하고 있지 않습니까? 일본이 싫으면 당연히 자기들이 떠나야죠."

사쿠라이 마코토는 심지어 한국 교과서에 실린 일본 침략의 역사까지 문제 삼았다.

"일본은 한국에 심한 일을 했다는 이야기를 70년째 듣고 있습니다. 한국 교과서에서도 일본이 저지른 만행을 교육하며 일본에 대해 부정적인 의견을 심어주고 있잖아요. 이것이 한국에서 자행되는 일본을 향한 헤이트 스피치가 아닙니까?"

거기다 한국에서도 거센 비판을 받는 극단적인 반일 민족주의 시위를 하나씩 끄집어냈다. 그러면서 "그게 일본을 향한 헤이트 스피치 아니에요?"라고 따지고, "한국도 헤이트 스피치하잖아요!"라고 동의를 구했다.

사쿠라이 마코토는 회장 자리에서 물러났지만, 여전히 넷우익의 중심에 서 있다고 자신했다. 일본 법원도 두려워하지 않았다. 재특회는 앞에서 말한 교토 제1초급학교 습격 사건에서 패소해서 거액의 배상금을 지급해야하는 처지였다. 사쿠라이 마코토가 퇴임한 이유도 경제적 부담 때문이라는 분석이 있을 정도였다. 하지만 사쿠라이 마코토는 재특회가 언제든 더 대규모로 거리로 나갈 수 있다는 자신감을 강하게 내보였다.

"저는 인터넷이라는 수단으로 새로운 가능성을 봤습니다. 인터넷을 통해 다양한 정보를 편견 없이 직접 내보냅니다. 제가 알고 있는 한 인터넷에는 압도적으로 우익의 의견이 많습니다. 매우 압도적입니다. 저는 10년 전부터 말하고 있었습니다. 진실을 말하는 사람의 목소리가 한 명에게라도 전달되면 이 운동은 점차 커질 겁니다."

사쿠라이 마코토의 마지막 말은 경고처럼 귓가를 울렸다. 그저 모니터 뒤에 숨어 사회에 대한 불만을 쏟아내는 '사회부적응자'라고 여겼던 넷우익은 이미 헤아리기 어려운 규모로 커지고 있었다. 가장 무서운 사실은 이 사람들이 자신들의 편견과 무지를 내보이는 것을 두려워하기는커녕, 오히려 애국심이라는 이름으로 무장한 채 거리로 나서고 있다는 것이었다. 사쿠라이 마코토가 갑자기 생각난다는 듯이 덧붙였다.

"한국 배우 김태희의 출연을 반대한 후지 TV 반대 시위를 처음 시작한 게 바로 우리입니다. 그땐 시부야에서 한 200명이 모였습니다. 한국 취재진이 와서는 '겨우 이 정돈가요?'라고 물었죠. 그런데 보십시오. 나중에 만 명, 2만 명이 모였습니다. 가정주부들, 평범한 직장인들 모두 다 모였죠. 다 재특회 회원은 아니었습니다. 지금도 마찬가지입니다. 시위 때마다 우리 회원뿐만 아니라 일본을 걱정하는 평범한 시민들이 함께 모이는 겁니다."

그동안 '이런 엉터리 선동에 넘어갈 사람이 있겠어?'라고 생각한 내 순진한 생각이 깨져나갔다. 인터뷰를 마치고 돌아와 그동안 촬영한 재특회의 시위 장면을 한 장면씩 돌려 보았다. 그랬다. 일장기를 몸에 두르고 상기된 얼굴로 욕설을 외치는 중년 남성도 있고, 카메라를 향해 손가락 욕을 내보이는 젊은 사람도 있었다. 한눈에 보기에도 인터넷을 통해 현실의 불만을 해소해온 듯한 부적응자도 보였지만, 최신 유행의 옷차림에 회사에서는 분명 야무진 직원으로 통할 것 같은 '보통 사람들'과 일본 사회의 '엘리트'도 섞여 있었다. 도쿄대학교 대학원에서 석사학위를 받고 유명 회사에서 일하는 현재 재특회 회장 야기 야스히로(八木康洋)처럼 말이다. 넷우익은 변하고 있었다.

코리아타운에 울려 퍼진 학살 예고

너무나 여린 체구에 젖살이 채 빠지지 않은 앳된 얼굴이었다. 포니테일로 묶어 올린 머리는 단정했다. 하교하는 길인 듯 깜찍한 가방을 멘 채였다. 나중에 확인한 결과, 그 소녀는 당시 14세 중학생이었다. 그러나 그 소녀의 입에서 나온 말은 혹시 잘못 들었는지 확인하려고 몇 차례나 돌려볼 정도로 끔찍한 단어들이었다.

"일본에 사는 '총코(한국인을 비하하는 표현인 '조센징'에서 파생한 말로, 조센징보다 더욱 멸시적인 표현)' 여러분 안녕하세요."

앞에 서 있는 몇몇 어른들이 박수를 쳤다. 잘한다는 추임새도 들리는 듯했다.

"재일 한국인! 저는 당신들이 싫어서 어쩔 줄 모르겠어요. 돌아가요. 그렇지 않으면 난징 대학살이 아니라 쓰루하시 대학살이 일어날 겁니다."

내가 오사카를 찾아 '쓰루하시 대학살'이라는 이름이 붙은 영상의 실제 촬영 장소를 방문했을 때의 충격은 더 컸다. 일본 오사카에 있는 쓰루하시에는 쓰루하시 역을 중심으로 '리틀 서울'이라고 불리는 코리아타운이 형성돼 있다. 1920년대부터 재일 한국인이 많이 모여 사는 곳으로 '이쿠노 코리아타운'이라고 불리기도 했다. 최근 한류 붐으로 인해 관광객이 많이 찾는 곳이었다.

도쿄에는 1970년대 이후 이민 온 소위 '뉴커머(newcomer, ニュ_ カマ_)'가 많다. 뉴커머는 1965년 한일 국교 정상화 이후 일본에 건너가 정착한 한국인들을 말한다. 특히 1988년 해외여행자유화 이후로 일본에 건너가 정착한 사람이 많다. 뉴커머는 민족 차별 등 과거사에서 비교적 자유롭고 자신의 권리를 당당하게 요구해 재일 동포 사회와 일본 사회의 의식 변화에 큰 영향을 주고 있다. 물론, '단순노동'을 하는 노동자에게 취업 비자를 발급하지 않는 정책 때문에 뉴커머

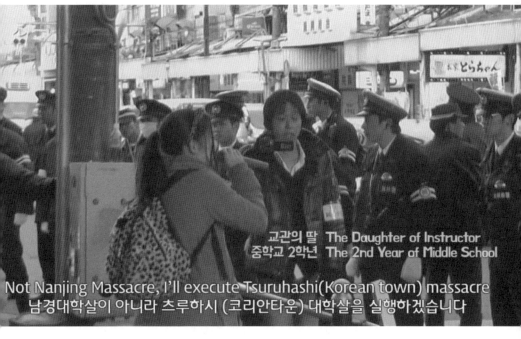

교관의 딸 The Daughter of Instructor
중학교 2학년 The 2nd Year of Middle School

Not Nanjing Massacre, I'll execute Tsuruhashi(Korean town) massacre
남경대학살이 아니라 츠루하시 (코리안타운) 대학살을 실행하겠습니다

14살 중학생이 재일 한국인이 많이 모여 사는 오사카 쓰루하시에서 재일 한국인이 한국을 떠나지 않으면 학살이 일어날 것이라는 혐오 발언을 하고 있다.

중 많은 사람이 체류 자격을 취득하지 못해 불법체류자가 되기도 한다. 그리고 이것이 재특회가 주장하는 또 하나의 문제가 되기도 했다.

뉴커머들하고 다르게 오사카 쓰루하시에는 '올드커머(old comer)'들이 많다. 올드커머는 1965년 한일 국교 정상화 이전에 이미 일본에 정착해 일본 정부로부터 특별영주권자 지위를 부여받은 사람들이다. 보통 대를 이어 한국 국적을 유지한 채 일본에 살 수 있는 재일 동포들을 일컫는다. 올드커머들은 주로 일제 강점기에 징용으로 끌려오거나 국교 정상화 이전에 밀입국한 사람들과 그 후손이다. 쓰루하시의 한인촌은 그중에서도 일제 강점기 때 운하를 건설하는 데 끌려온 한국 사람들이 모여 살면서 생긴 곳이다. 이곳의 한인들은 한국말을 일상어로 쓰고 김치 등 음식부터 문화까지 한국인의 정체성을 지키며 살아온 사람들이다. 비록 한국과 일본의 경계에 서 있는 처지이지만, 이 사람들은 한국을 고향이라고 생각하며 살고 있다.

조선 시장에 들어섰을 때, 유독 일본어로 '친하게 지내요.'라는 문구를 붙인 가게들이 눈에 띄었다. 헤이트 스피치를 해대는 일본인들에게 건네는 말이었다. 일본에서 한인 비중이 가장 높은 도시인 오사카에서 헤이트 스피치는 더 광기를 띠고 있었다.

오사카 한인촌의 곱창집에서 술잔을 기울이고 있던 재일 한국인들은 내 질문에 생각도 하기 싫다며 고개를 저었다. 쓰루하시 역에 오기 전에 재일 한국인이건, 일본인이건 시위가 있는지 먼저 확인부터 해야 할 정도라고 했다.

"도쿄보다 여기가 더 심해. 얼마 전에 한국인 할머니가 그 이상한 애들한테 붙잡혀서 수모당하는 거 못 봤어? '한국인 죽여라.', '한국인은 돌아가라.' 이렇게 소리 지르는 거 보기 싫어서 뭐라고 한마디하면 무조건 '총코다', '일본인들이 조선인 때문에 피해받고 있다.'라며 악을 써대. 그걸 자랑이라고 찍어서 인터넷에 올리고 말이야…."

곱창을 다듬고 있던 주인이 조심스럽게 말을 보탰다.

"여기서 그 여자애 목소리를 직접 들었습니다. 꿈에 나올 거 같아 무서워요. 까랑까랑한 목소리로 눈 하나 깜짝하지 않고 학살을 말하다니…."

그래도 아이한테 뭐라고 항의할 수 없었다고 했다.

"그 여자애 아버지가 매일 군복을 입고 다니는 사람이에요. 일본 극우들 하고 다니는 거 있죠? 딱 옷차림만 봐도 '나 극우야.'라고 말하는 거 말이에요."

소녀의 아버지는 인터넷에서는 더 유명세를 떨치고 있었다. 넷우익은 그 남자를 '교관', '대선배'라고 불렀다. 그 남자가 올리는 글마다 "학교 교육으로도, 미디어로도 접하지 못한 독도 문제와 재일 한국인이 주는 피해를 알려줬다. 감사하다."라는 코멘트가 줄줄이 달렸다. 재특회 소속이 아니라고 하지만, 재특회 시위대와 함께할 때도 많았다. 곱창집에서 만난 재일 한국인들은 어린아이를 이용하는 재특회 사람들의 행동에 혀를 내둘렀다.

"어른들이 도대체 그게 뭡니까? 어린애한테 그런 말이나 시키고 옆에서 부추기고 말이야. 진짜 비겁한 거지."

차라리 군복을 입고 거리를 활보하는 극우들은 눈에 띄기라도 했다. 하지만 이제는 오랫동안 친구로, 이웃으로 살아온 사람을 헤이트 스피치 시위 현장에서 마주칠까 봐 두렵다고 했다.

"일본이 이렇게 된 게 모두 재일 한국인 탓이라니요? 도대체 그런 생각을 하는 사람들이 얼마나 많으면, 그 어린아이까지 '학살'을 입에 담는 거죠?"

다시 술잔을 채웠다. 누구도 재일 한국인을 위해 목소리를 높이지 않는 상황이었다.

깜짝쇼로 전락한 면담

혐한 시위를 과시한 것은 당시 오사카 시장 하시모토 도루(橋下徹)도 마찬가지였다. 하시모토 도루 전 시장은 오사카에서 연일 벌어지던 헤이트 스피치의 대책을 마련하겠다며 재특회의 당시 회장 사쿠라이 마코토의 면담 신청을 받아들였다. 2014년의 일이다. 도쿄시 인권시책추진심의회에 자문까지 구한 상태라고 발표했다.

면담 전에 사쿠라이 마코토는 취재진에게 훈계를 길게 늘어놓았다. 언론은 모두 친한파라고 비난하더니 인터뷰나 질문은 사절한다며 거만하게 말했다. 만약 질문을 하면 그 즉시 쫓아내겠다며 협박까지 했다. 사쿠라이 마코토는 모든 행사에서 이런 식으로 취재진을 비난하고 가르치려고 들었다.

드디어 면담이 시작됐다. 그러나 그곳에 진지한 토론은 없었다. 호칭 시비로 시작된 대담은 듣기 민망한 욕설이 추임새처럼 끼어들더니 두 사람은 30초 만에 몸싸움이라도 하겠다는 태세로 대치했다. 면담 내용은 한국말로 번역할 필요도 없을 정도로 간단했다.

"차별주의자는 오사카에 필요 없어!"

"일본인이라면 한국에 대해 제대로 발언해!"

이런 말에 욕설이 섞이더니 멱살잡이라도 할 것처럼 두 사람이 상대방을 향해 돌진했다. 그 사이를 경호원이 끼어들었다. 하시모토 전 시장이 자리를 박차고 나간 뒤 사쿠라이 마코토가 "겁쟁이"라고 빈정거리는 촌극이 벌어졌다. 30분으로 예정된 면담은 겨우 7분 만에 끝나버렸다. 100여 명이나 되는 취재진에게 현장을 공개한 이유가 궁금해질 정도였다.

충격적인 사실은 재일 한국인을 향한 차별 발언 대책을 마련할 것처럼 흥분하던 하시모토 도루 전 시장의 이후 행보였다. 이 면담이 있은 지 불과 3일 후, 하시모토 전 시장은 당 차원에서 재일 한국인의 '특별영주권'을 박탈하는 방안을 검토하겠다고 밝혔다. 이런 행보는 "특별영주권과 생활보호우대 등 재일 한국인에 관한 특별대우 때문에 오히려 일본인이 차별받고 있다. 이것은 공정하지 않다."라는 재특회의 주장하고 다를 게 없었다.

대담을 TV로 방영하면서 사쿠라이 마코토와 하시모토 도루 전 시장 양쪽 모두 노린 것은 따로 있었던 모양이었다. 하시모토 전 시장은 일본군 '위안부'가 정당했다는 발언으로 얻은 극우 이미지를 잠시나마 희석할 수 있었고, 사쿠라이 마코토는 자신의 주장을 담은 책이 화제가 돼 아마존 1위에 오르는 이득을 볼 수 있었다. 넷우익에 관심이 없던 사람들까지 이 세력에 관심을 가지기 시작한 것이다. 인터넷을 통해 재일 한국인을 향한 헤이트 스피치를 보면서 기뻐하는 사람들은 시위대보다 열 배, 아니면 그것보다 훨씬 더 많을 수도 있었다. 그

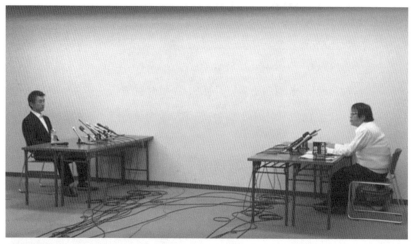

하시모토 도루 전 오사카 시장과 사쿠라이 마코토 전 재특회 회장의 헤이트 스피치 대책 마련 대담. 대담은 욕설과 몸싸움으로 금방 끝나버렸다.

렇다면 정말 어려운 싸움이 될 것이었다.

침묵해야 하는 재일 한국인

"그게 언제 적부터 계속된 일인데, 지금 와서 왜 묻는 거야?"

최근의 헤이트 스피치에 대해 어떻게 생각하는지 재일 한국인 친구들에게 물을 때마다 이런 대답이 돌아왔다.

"정치인이 TV 카메라 앞에서 삼국인 운운하던 거 기억 안 나? '도쿄가 지금 한국인, 중국인, 대만인들한테 점거당해서 까딱하다간 큰 소동이 일어난다. 경찰도 자위대도 진압 준비해라.' 그런 망언을 내뱉는 사람이 인기 정치인이라고."

삼국인 망언을 한 전 도쿄 도지사 이시하라 신타로(石原慎太郎)는 일본 정계에서도 '원조 극우'로 통하는 인물이다. "유색인종 중 일본인만이 유일하게 선진화를 이룩했다.", "중국의 국민 자질" 등의 차별 발언은 당시 일본 안에서도 거센 비판을 일으켰다. 하지만 그 망언으로 일본에서 이시하라 신타로의 정치적 입지가 흔들리지는 않았다. 그 독설 덕분에 인기가 더 많아졌다. 거침없는 말이 오히려 강한 리더라는 인상을 부각한 것이다. 일본의 경제가 장기 침체에 빠지면서, 갑갑한 상황을 돌파해줄 강한 정치인을 찾는 쪽으로 표심이 움직이는 게 아닐까? 재일 한국인들은 정치인의 이런 망언보다 거리에서 보통 사람들이 한목소리로 외쳐대는 헤이트 스피치가 더 무섭다고 했다.

"막말이 있기 전에도 북한 문제, 한일 문제만 있으면 애들을 학교에 보내는 게 무서웠어. 조선학교 애들의 교복이 왜 바뀐 건지 알아? 길거리에서 교복 치마저고리를 칼로 찢기 때문이야. 그때는 그놈들이 그래놓고 도망이라도 갔지, 지금처럼 조직이라면서 떼거리로 몰려다니며 바로 앞에서 욕설을 퍼붓지는 않았어. 그러니까 더 두렵지."

재일 한국인들은 자신들이 겪는 차별을 표면으로 내세우지 못했다. 2001년 역사교과서 왜곡 문제가 불거졌을 때, 재일 한국인 여학생을 일본인 남자가 납치한 적도 있었다. 납치범은 테이프로 여학생의 눈과 입을 가린 채 길거리에 내팽개쳤다. 그런데 이 사건은 언론에 보도되지 않았다. 모방범죄를 우려해 조선학교 측에서 보도하지 말라고 요청했기 때문이었다.

재특회의 습격을 받았던 교토 제1조선초급학교의 학부모는 국회 모임에 참석하기로 한 것을 번복했다. "저희 아이의 학교가 다시 재특회의 공격을 당하는 일은 피하고 싶다."라는 것이 이유였다. 피해를 호소하면 더 기세등등하게 공격하는 사람들의 습성을 알고 있기 때문이었다. 대책 회의에서 "고소를 할 권리가 우리에게 있느냐?", "우리에게 인권이 있느냐?"라는 자책까지 나올 정도로 교토 제1조선초급학교 사건의 피해자들은 혐오 발언에 큰 충격을 받은 상태였다.

게다가 재특회의 공격을 막을 수 있는 다른 방법도 없었다. 이런 시위가 용납되는 까닭은 일본에서는 법적으로 헤이트 스피치를 막을 수 있는 금지법이 없기 때문이다. 많은 사람들이 언론의 자유를 보장하기 위해 헤이트 스피치를 제한하는 일에 반대해왔다. 그러나 많은 사람의 무관심 속에서 "한국에 사과할 필요 없다, 재일 한국인이 일본을 망치고 있다."라는 넷우익의 목소리에 쏠린 관심은 점점 커져갔다. 그리고 이런 생각은 2013년 오사카 쓰루하시와 도쿄 신오쿠보에서 "조선인을 쫓아내라!"라는 구호로 터져 나왔다. 그런데 오사카에서 벌어진 헤이트 스피치를 막아선 사람들이 나타났다.

인종 혐오주의자에게 맞서는 카운터스

재특회는 자신들이 코리아타운에서 '벌이는 혐한 시위를 과시하듯 인터넷으로 생중계하고 DVD로도 제작해 판매했다. 그런데 영상을 보면 분명히 포커스를 맞춘 주인공이 아닌데도 가장 분주히 움직이는 몇 명의 남자들이 어느 앵글에나 끼어 있는 걸 볼 수 있다.

재특회의 헤이트 스피치를 압도하는 성량으로 욕설을 하고, 때로는 주먹을 휘두르고, 경찰과의 추격전까지 불사하는 사람들. 한국에 아직 본격적으로 소개된 적은 없지만, 그 사람들은 확실히 튀었다. 풍채는 위협적이지만, 움직임은 날렵했다. 얼굴은 욕설을 뱉느라 잔뜩 일그러져 있었다. 때때로 재특회 시위대에서 뒤처진 사람들을 낚아채기도 했다. 비폭력주의자들에게는 호감이 가지 않는 모습일지도 모르겠다. 그러나 나는 그 사람들의 정체가 너무나 궁금했다. 그 사람들은 자신들은 카운터스라고 소개했다.

2°

맞수가
나타나다

카운터스의 등장

영어 사전을 찾아보면 'counter'는 '반대하다', '받아치다'라는 뜻의 단어다. 이 단어가 일본에서 다른 의미로 쓰이기 시작한 것은 2013년쯤부터다. 재특회를 선두에 세운 넷우익이 오사카와 도쿄의 한인 밀집촌에서 격렬한 시위를 벌이던 때, 이 헤이트 스피치에 반기를 들고 나선 사람들, 다시 말해 카운터스가 나타났다.

2013년 초, 불과 몇십 명으로 시작한 카운터스의 수가 처음으로 넷우익의 시위대보다 더 많아진 것은 6월 16일. 넷우익 시위대 200여 명을 그 두 배인 400여 명의 카운터스가 둘러쌌다. 불과 일주일 뒤인 6월 30일, 카운터스는 시위대의 열 배인 2천여 명으로 늘어났다. 거의 매주 신오쿠보를 점령한 재특회와 넷우익의 행진을 막아 세운 것은 카운터스가 만든 인간 띠였다.

이 기적은 장난스러운 트윗(트위터에 올린 글 또는 글을 올리는 행동)

하나로 시작됐다. 경찰에 넷우익에게 집회 장소를 허락하지 말라는 항의 전화를 했다가 "합법적인 시위는 막지 못한다."라는 말을 듣고 트윗을 올린 사람은 노마 야스미치(野間易通)였다. 노마 야스미치는 시위 현장에도 잘 다듬은 수염에 열에 아홉 번은 비니를 쓰고 등장하는 멋쟁이다. 그리고 일본의 음악 잡지 편집장으로 이미 원전 반대 운동에 적극적으로 참여해온 좌파 사회운동가이다. 워낙 여러 집회에 참가하다 보니 재특회를 포함한 우익 세력들과 마찰을 빚는 일도 많았다. 도쿄 도심에서 있었던 넷우익의 거리 시위에도 적극적으로 대항했다.

노마는 그때 일을 생각하면 지금도 머리가 아프다는 듯 고개를 저었다.

"사람들이 관심이 없어요. 온갖 욕설에 외국인에 관한 헤이트 스피치를 해대는데, 그냥 지나가는 거죠. 게다가 시위대가 꽤 크잖아요. 친구들 서너 명이랑 시위대에 항의하다가 맞을 뻔한 적도 있습니다."

그래서 노마는 2013년 1월, 트위터를 통해 함께할 사람을 모을 때도 그다지 기대하지 않았다. 그저 넷우익 시위대 사람들에게 다른 생각을 하는 사람들도 있다는 사실을 보여주고 싶었다고 했다.

"'시바쿠(しばく)'가 오사카 사투리로 '채찍이나 매로 때리다.'라는 뜻입니다. 우리도 지지 말고 강하게 항의하자는 뜻으로 '시바키 부대(しばき隊, 혼내는 부대)'라는 이름으로 모이자고 트위터에 올렸죠. 너무 장난스럽나? 이런 생각도 했습니다."

그런데 뜻밖의 일이 일어났다. 그 트윗이 퍼지면서 열몇 명이 곧장 참여 의사를 밝혀온 것이다.

시바키 부대를 만든 노마 야스미치.

노마 야스미치가 올린 "재특회를 사냥하러 가고 싶다."라는 트윗.

"그동안 헤이트 스피치를 들으면서도 묵인한 게 부끄럽다."

"재일 한국인을 향한 욕설이 울려 퍼지게 놔둔다는 건 일본의 수치다."

이렇게 지원하는 이유도 다양했다. 열흘 만에 50명의 사람이 넷우익 시위대에 맞서겠다고 나섰다. 노마도 당시의 호응을 전하며 흥분을 감추지 못했다.

"정말 생각도 못했어요. 나랑 같은 생각을 하는 사람이 이렇게 많았구나. 그렇게 많은 트윗이 오가니까 경찰도 당황하더라고요."

노마는 경찰의 대응에 물러서지 않았다. 의문의 단체에 관해 묻는 경찰에게 노마는 장난스럽게 응수했다고 한다.

"총인원 500명 정도 되고요. 로켓런처와 AK-47를 갖고 있고, 300명이 낙하산으로 낙하한다고 말해줬죠. 사실 어떻게 재특회 시위대를 막아설지 정한 건 없었어요. 하지만 50명 정도면 뭔가 할 수 있을 것 같았습니다. 그냥 헤이트 스피치를 들으며 괴로워할 필요는 없겠다고 요. 딱 그것만 각오했어요."

그렇게 더는 헤이트 스피치를 참을 수 없었던 사람들이 거리로 나섰다. 거리를 독점하던 재특회 시위대에 처음으로 대항하는 목소리가 미약하게나마 시작됐다.

카운터스 이전의 풍경

도쿄 신오쿠보는 명실상부한 한류의 중심지이다. 좁은 가게를 사이에 두고 한국 음식점부터 기념품 가게가 밀집해 있어 세계 최고의 한류 시장으로 꼽힐 정도로 호황을 누렸다. 이곳에 가게가 있는 상인들도 대부분 재일 한국인이다. 주말에는 한류 팬들은 물론 중국 관광객까지 몰려들어 도쿄 속 한국의 정취를 느꼈다.

그런데 2013년에는 재특회의 시위가 예고된 주말에는 신오쿠보 상인들은 웃는 낯으로 손님을 맞으면서도 긴장을 감추지 못했다.

"오늘 재특회 시위가 있죠?"

내가 묻는 말에 상인 한 명은 깜짝 놀라 손님의 눈치를 봤다. 다행히 한국말을 알아듣지 못한 손님은 한류 상품에 정신이 팔린 상태였다. 몸을 돌린 상인은 한숨을 내쉬었다.

"요즘은 주말마다 여길 지나가니까. 이 좁은 골목에 100명이 소리 지르면서 지나가면 손님들도 놀라요."

골목을 따라 형성된 상가들이라 시위대가 진입하는 것만으로도 상점의 피해는 막심했다. 이곳에는 시위대의 흔적이 군데군데 남아있었다. "조선인을 몰아내자"는 물론 "이곳을 찾는 너희는 일본의 수치"라는 식으로 일본인 손님들을 향해 공포심을 자극하는 낙서들까지 있었다. 상인들은 더 충격적인 이야기를 들려줬다. 시위 중에는 경찰이라도 근처에 있지만, 시위가 해산한 뒤에는 더 심한 일이 벌어진다는 것이다.

"우리 가게 손님한테 '너 여기 있다간 조선인한테 강간당한다.'라고 윽박지르고 여기 진열대를 발로 차고 간다고. 아휴, 오늘도 이제 장사 끝이야."

그 말을 들으니 가슴이 갑갑했다. 재특회는 삼삼오오 몰려다니며 한인 가게들에 들어와 행패를 부리거나 시비를 거는 이런 행위를 자랑삼아 '산보(산책의 일본어)'라고 부르고 있었다. 시위가 시작된 모양이었다. 재특회의 확성기 소리가 골목 안을 날카롭게 헤집듯 파고들었다.

"좋은 한국인 나쁜 한국인 모두 죽여라!"

"해충구제!"

"조선인들은 일본의 바퀴벌레!"

항의하는 목소리도 막으려는 사람도 없는 일방적인 구호였다. 평화로운 주말을 즐기던 사람들은 처음에는 의아해서 시위대의 목소리에 귀를 기울이다가 곧 불편한 듯 표정을 일그러뜨렸다. 그러나 시위대에 맞서는 사람은 없었다. 한인 상가 밀집 지역을 잇는 중앙 골목으로 100여 명이 되는 시위대가 진입하고 있었다. 확성기 소리는 더 가깝게 다가왔다. 눈이 마주치자 주먹을 흔드는 사람, 눈을 부라리는 사

"좋은 한국인도 나쁜 한국인도 죽어라."라는 피켓을 든 혐한 시위대.

람, 손가락으로 욕을 하는 사람, 재일 한국인들의 얼굴을 보며 "죽여라!"라고 목소리를 높이는 사람이 무리를 지어 다가왔다. 그 사람들은 막을 길 없는 거대한 물결 같아 보였다. 그런데 그 무기력한 풍경을 카운터스가 바꿔놓았다.

혼내는 부대부터 낙서 지우기 부대까지

재특회의 구호는 특별한 게 없었다. 날카로운 확성기의 목소리가 "조선인을 죽여라!"라고 외치면 100여 명이 넘는 시위대가 일제히 "죽여라!"라고 제창했다. 하지만 그사이 50여 명은 됨직한 사람들의 목소리가 다시 일제히 울려 퍼졌다.

"(너희도) 죽어라!"

시위대 대열 밖에서 힘찬 목소리가 울려 퍼졌다. 시위대가 그 목소리의 정체를 파악하기 위해 잠시 주춤한 사이 시위대를 따라잡는 남자들이 보였다. "조선인들은 일본의 바퀴벌레!"라는 구호에는 곧장 "너희가 바퀴벌레!"라는 제창이 이어졌다. '눈에는 눈, 이에는 이'라는 방식의 대응이었다.

시위 현장에서 만난 노마는 나를 놀라게 했다. 점잖은 음악 잡지 편집자로 생각했던 노마의 입에서 나온 욕설과 일그러져 험악하게 보이는 표정 때문이었다. 재특회 시위대의 욕설을 '반사'할 뿐이라고 하지만, 노마의 입에서 나온 욕은 일본어에 존재하지도 않는 것이었다. 잠시 숨을 돌리고 있던 노마에게 놀란 표정을 지으며 말했다.

혐한 시위에 저항하는 카운터스의 모습. "재특회는 일본의 수치"라는 현수막을 들고 있다.

"그렇게 욕을 잘하는 줄 몰랐습니다."

노마는 별것 아니라는 듯 대꾸했다.

"욕도 기술이 필요하더라고요. 연마하고 있는 중 입니다. '인간쓰레기', '너희는 일본의 수치', 뭐 그런 욕을 제일 많이 씁니다. 그렇게 해도 재특회가 쓰는 욕설의 수위를 따라잡으려면 한참 멀었어요."

앞쪽에서는 시위대와 욕설을 주고받다가 서로 멱살까지 잡기도 했다. 재특회 시위대가 물었다.

"너희가 뭔데 우리한테 욕을 해?"

재특회 시위대를 막으려고 나온 사람도 지지 않고 받아쳤다.

"그런 너희는 뭔데? 너희가 하는 거 차별 발언이라고!"

"너 조선인이지? 조선인 죽여라!"

이렇게 막무가내로 결론을 내고는 재특회 시위대는 다시 대열에 합류해버렸다. 그런데 재특회 시위대가 쏟아내는 증오와 욕설을 고스란히 받아내던 재일 한국인들과 헤이트 스피치에 얼어붙은 듯 물러선 행인들만이 있던 신오쿠보에 조금 다른 사람들이 모여들기 시작한 것이다. 욕설 사이를 뚫고 논리정연한 목소리가 울려 퍼졌다.

"여러분, 지금 넷우익 단체인 재특회가 시위를 하고 있습니다. 저 사람들은 재일 한국인이 특권을 누리고 있다고 주장하지만, 모두 '데마(デマ, 악의적인 선동, 헛소문)'입니다."

단정한 양복 차림에 온화한 표정을 한 남자였다.

"시끄럽나요? 그래도 저 욕설을 듣는 것보단 낫잖아요."

내가 다가가자 그 남자는 이렇게 말하며 연설을 다시 이어갔다.

"이런 헤이트 스피치를 용납할 수 있습니까? 이것은 일본의 수치입니다."

와타나베라는 그 남자는 대학생과 중고등학생에게 윤리를 가르치는 교사라고 했다. 와타나베는 이미 목이 쉬어있었다.

"강의보다 힘드네요."

확성기를 들고 있어도 재특회 시위대의 고함을 넘어서기는 힘들어 보였다. 와나타베는 자신을 카운터스 중 '오시라세 부대(お知らせ隊, 알려주는 부대)'의 일원으로 주말마다 재특회가 시위하는 장소에 나온다고 했다.

"어떻게든 해봐야 하지 않겠습니까? 이런 헤이트 스피치는 물론 재일 한국인이 제일 힘들겠지만, 이걸 듣고 있는 일본 사람들한테도 엄청나게 큰 충격이에요. 오물을 뒤집어쓴 느낌이랄까요? 우리 일본이 인종 차별을 용납하는 그런 나라가 되면 안 된다는 사명감이 있어요."

그리고 재특회 시위대가 지나가는 도로 옆에는 온갖 욕설에도 웃음을 잃지 않고 재특회 시위대를 향해 플래카드를 흔드는 사람들이 줄을 지어 서 있었다. 플래카드에는 "친하게 지내요."라는 우호적인 메시지가 직접 쓴 일본어와 한국어로 적혀 있었다. 20대 여성인 두 사람은 자신들을 '플래카드 부대'라고 소개했다. 매주 나올 수는 없어서 SNS를 통해 사람을 모집하고 순번을 정한다고 했다.

"저쪽에 남자들도 있어요. 한번에 적어도 10명씩은 나와요."

재특회 시위대가 지나가면서 이 사람들을 가만둘 리가 없었다. 시위대 깊은 곳에서 충격적인 욕설이 들려왔다.

"나라를 판 XX!"

"강간이나 당해라!"

놀란 내가 카메라를 돌렸지만, 소리를 친 사람은 비겁하게도 "조선인을 죽여라", "조선인은 매춘부"라는 글귀가 적힌 피켓으로 얼굴을 가리고 있었다. 난처한 얼굴로 플래카드 부대 여성들을 쳐다본 나는 더 놀라고 말았다. 생글생글 웃는 얼굴로 두 여성이 시위대를 향해 손가락 욕을 들어 보였으니까.

"처음엔 저도 참았는데요. 아마 카운터스 중에 제일 먼저 욕설을 한 게 우릴 거예요. 우리도 못 참을 정도로 흥분하니까 다른 카운터스도 '맞불 작전'을 시작한 거예요. 할 수 있는 건 다 할 거예요."

이처럼 헤이트 스피치에 반대하는 다양한 카운터스 활동들이 점점 늘어나고 있었다. 재특회 시위대 참가자들의 눈에 띄지 않는 곳에서도 헤이트 스피치에 반대하는 활동을 펼쳐나갔다. 인도 구석에는 작은 부스가 만들어졌다. 재특회 시위대의 광기 어린 외침 때문에 급하게 발걸음을 옮기는 행인들을 붙잡는 '쇼메이 부대(署名隊, 서명 부대)'였다. 지나가는 사람들은 대부분 귀찮다며 뿌리치지만, 정성에 귀를 기울이는 사람도 몇몇 있었다.

"저기 앞에 서 있는 사람들이 대단한 거죠. 시위대가 때리려고 덤비고, 욕설 퍼붓는데도 저기 서 있잖아요. 전 저런 거 못 해요. 그래도 헤이트 스피치는 참을 수 없으니까 제가 할 수 있는 걸 하는 거예요."

쇼메이 부대 중 한 명은 그렇게 말하며 아직 공백이 많이 남은 서명지를 바라봤다.

"집회 자체를 막는 수밖에 없어요. 서명이 많아지면 경찰에서도 귀를 기울이겠죠."

부스 주변에는 서명 용지뿐만 아니라 특이하게도 스펀지와 세제가 가득 쌓여있었다. 의아한 표정으로 쳐다보자 바로 설명해줬다.

"아, 그건 '라쿠가키케시 부대(落書き消し隊, 낙서 지우기 부대)' 활동을 위한 거예요. 재특회 시위대가 써놓은 혐오 낙서를 지우는 사람들이 또 있어요. 다른 카운터스도 틈틈이 하고요. 저도 좀 있다가 갈 거예요."

카운터스에는 각자의 역할을 맡은 '부대'들이 있다. 그러나 그런 이유로 카운터스를 어떤 조직이라고 하기에는 너무 느슨하다. 온라인을 통한 '번개' 형식으로 모임이 유지되기 때문이다. 그저 개개인이 모여서 자신이 할 수 있는 일을 한다는 자발적인 모임인 셈이다. 그런데 이런 개인들이 계속 늘어났다. 넷우익이 거리에 나와 힘을 키워갈 때,

카운터스를 향한 재특회의 원색적인 욕설을 '반사'하는 카운터스.

그 세력이 곧 없어질 거라며 내버려둔 사람들이 이제 거리로 나선 것이다. 아마 내가 목격한 것보다 더 많은 '부대'들이 인터넷을 통해 자발적으로 모여 행동에 나섰을 것이다.

카운터스, 2013 도쿄대행진을 이끌다

여러 사람이 각자 자신들이 할 수 있는 방법으로 헤이트 스피치를 막기 위해 노력했다. 그러나 개별적인 모임과 노력만으로는 쉽게 헤이트 스피치를 막을 수 없었다. 그러다 카운터스 모임 중 하나인 '크랙'을 중심으로 대규모 집회가 벌어졌다. 마틴 루서 킹 목사가 주도해 흑인 민권 운동의 시작을 알린 1963년 미국 워싱턴 평화대행진의 뜻을 이어 2013년 도쿄대행진을 개최한 것이다. 인종 차별에 항거하며 '공존'을 외친 킹 목사의 50년 전 이상을 "한국인들을 죽이자!"라는 등 비이성적인 구호가 나도는 2013년의 일본에 접목하려는 시도인 셈이었다.

도쿄대행진에 참여한 크랙(C.R.A.C., 'Counter-Racist Action Collective'의 줄임말로 반민족주의행동집단이다.)의 주요 멤버인 이토 씨는 재특회가 거리에서 "조선인 죽어라!", "한국 여자를 강간해서 돌려보내라!"라는 과격한 말을 내뱉는 걸 보면서 같은 일본인으로 창피했다고 했다. 그리고 그 혐오 발언들이 지금은 재일 한국인을 향하고 있지만, 언젠가는 그 화살이 사회적으로 약한 다른 소수자들을 향해 발사될 수 있다고 여겼다. 이토 씨는 온라인을 통해 재특회 활동을 하거나 관련 글을 '리트윗'하는 사람들에게 일대일로 붙어 설득하고 있었다.

"일본인을 모두 악인으로 취급하려는 것도 아니고, 또 모두 극우로 몰려고 하는 것도 아닙니다. 일본인은 대부분 온건하고 차별에 반대하죠. '크랙의 방법이 너무 공격적인 거 아니야?'라는 비난도 있습니다. 그러나 우리는 거리로 나가 헤이트 스피치를 하는 사람들을 막는 게 목적입니다. 그래서 현장에서 소동을 일으키죠. 소동이 일어나지 않으면 경찰이 막지 않기 때문입니다. 헤이트 스피치 관련법이 없어서 경찰도 어쩔 수 없습니다."

2013년 9월, 도쿄 신주쿠 중앙 공원에 사람들이 하나둘 모이기 시작했다. 그 사람들은 '도쿄는 인종 차별에 반대한다(TOKYO AGAINST RACISM)', '우리는 이미 함께 살아가고 있다' 등의 플래카드와 손피켓을 들고 있었다. 조선학교에 대한 지원을 중단하라는 재특회의 주장을 의식한 듯 '어떤 아이든 우리 아이'라고 쓴 피켓도 등장했다. 그 사람들이 들고 있는 메시지의 무게는 모두 무거웠지만, 신주쿠 중앙 공원의 행사장은 하나의 축제 같았다. 오색 풍선이 하늘을 날고 카운터스는 함께 웃으며 환호했다. 그날 모인 인원만 해도 1천여 명으로 절대 적지 않은 숫자였다. 그동안 재특회의 수많은 시위에도 반응하지 않았던 사람들이 하나의 뜻으로 모여든 것이다.

사람들은 평화롭게 행진을 시작했다. 도쿄대행진을 주최한 주요 인사들이 앞에 선 가운데 행진하는 사람들을 둘러싸고 검은 양복을 빼입은 덩치 큰 남자들이 마치 보디가드처럼 섰다. 검은 양복 차림의 남자들의 얼굴을 보는 순간 얼마 전 재특회 시위에서 만났던 얼굴이라

혐한 시위에 반대하는 도쿄대행진.

는 사실을 알아차렸다. 온몸에 '문신'이 새겨져 있는 정체를 알 수 없
던 험악한 인상의 남자들이었다.

돌연변이 카운터스, 오토코구미

재특회는 보통 근처 공원에 모여 연설을 하고 거리 선전에 나섰다.
그 시간 신오쿠보 도로에서는 벌써 경찰이 재특회 시위대가 지나갈
도로의 교통정리를 하고 있었다.
"헤이트 스피치가 합법이라는 게 말이 돼?"
카운터스는 정부가 헤이트 스피치를 막지 않는 걸 비난했다. 그러
나 경찰은 "시위 허가가 났으니 도로를 사용할 수 있습니다."라는 판
에 박힌 말만 거듭하며 카운터스를 인도로 밀어냈다. 재특회 연설이
있는 신오쿠보 공원부터 시위대를 '팔로우'하지 않으면, 나도 인도에
갇혀 옴짝달싹하지 못할 판이었다. 서둘러 공원을 향해 뛰어갔지만,
이미 연설이 끝난 듯 시위대가 공원을 나서려는 참이었다. 그런데 그
곳에 30여 명의 남자들이 스크럼을 짜고 시위대를 정면에서 막아서
고 있었다.
"재특회는 물러가라!"
그 남자들이 외치는 구호의 기세도 거셌다. 그런데 본능적으로 카
메라를 돌리던 나는 깜짝 놀라고 말았다. 그중에서도 유독 위협적으
로 주먹을 휘두르는 남자의 양팔에 용 두 마리가 승천하고 있었기 때
문이다. 또 온 힘을 다해 재특회 시위대를 낚아채려는 모히칸 머리를

한 남자의 팔에도 용 문신이 꿈틀대고 있었다. 뒤늦게 달려온 경찰이 이 남자들을 에워싸고 재특회 시위대의 출로를 확보했다. 그제야 재특회 시위대는 겨우 도로로 나설 수 있었다.

그날의 시위 현장은 어느 때보다 혼란스러웠다. 공원에서 본 문신을 한 남자들과 시위대가 곳곳에서 몸싸움을 벌였다. 분명한 사실은 이 '문신남'들이 카운터스와 같은 편이라는 것이었다. 이미 낯익은 시바키 부대와 플래카드 부대가 문신남들의 뒤에서 함께 재특회 시위대를 막아서고 있었으니까. 그날 재특회 시위는 문신남들 때문에 경로를 수정해야 했다. 이제까지 수없이 많은 시위가 있었지만, 이렇게 시위가 잠시 중단되고 경로가 바뀐 건 처음 있는 일이었다.

"저 사람들은 누구인가요?"

나는 옆에 서 있던 한인 상가의 주인에게 물었다. 주인은 대답을 주저했다.

"'남자 조직'이라던데…. 일본어로 '오토코구미'라고 부르더라고."

"모양새가 심상치 않네요."

갑자기 주인이 목소리를 낮췄다.

"그러니까 말이야. 야쿠자라는 소문이 파다해."

"설마요, 야쿠자가 왜? 야쿠자들은 대부분 우익이잖아요?"

주인은 어깨를 으쓱 올려 보였다.

"그러게 말이야. 고맙다는 사람도 있고, 과격해서 싫다는 사람도 있고, 우리도 잘 몰라."

그날 시위가 끝난 뒤 인터넷을 뒤지며 '오토코구미'가 어떤 단체이고 어떤 사람들이 모여 있는지 정보를 모으기 시작했다. 그 사람들의 정체가 궁금했다.

나야 한국인이기 때문에 재특회의 주장에 곧장 불쾌한 게 당연했다. 그 주장이 사실인지 아닌지 사실 여부를 따질 필요도 없었다. 그러나 그 사람들은 국적도 일본일 게 분명했다. 또한 야쿠자는 보통 보수 단체에 속하는 경우가 많다는 사실을 고려했을 때 정치 성향도 대척점에 있을 확률이 높았다. 무엇보다 어떤 식으로도 미화할 수 없는 야쿠자 출신인 그 남자가 왜 신체적 위험과 법적 위험을 무릅쓰고 재일 한국에게 쏟아지는 재특회의 집중포화를 온몸으로 막아서는지 알고 싶었다. 오토코구미도 다른 카운터스와 마찬가지로 인터넷을 통해 단원을 모집하고 있었다.

현장 최전선에 나설 수 있는 사람을 찾습니다. 오토코구미.

트위터로 멘션을 보냈다.

일본에서 일하는 한국인 다큐멘터리 감독입니다. 지난번 시위에서 오토코구미 단원들을 촬영했습니다. 만남을 요청합니다.

일주일이 지난 뒤 전화 한 통이 걸려왔다.
"만나봅시다."
통화는 짧게 끝났다. 얼마 지나지 않아 나는 신오쿠보에서 그 사람들을 직접 만날 수 있었다.

3°

용 문신을 한
팔뚝

무력 제압 부대, 오토코구미

"야쿠자, 두말할 것 없이 악의 편이지! 그런데 그 야쿠자가 뭐? 아, 한국으로 치면 일베 같은 극우 세력을 때려잡는다고?"

"나쁜 놈이 나쁜 놈을 막아? 한국인이라면 고마울 순 있는데…. 그걸 통쾌하다고 생각해야 하나?"

친구들에게 오토코구미에 대한 내 관심과 취재 계획을 이야기했을 때, 반응은 대충 이러했다. 그런 반응도 충분히 이해가 됐다. 오토코구미는 재특회 시위대에 폭력을 가한 혐의로 체포되면서 언론을 통해 세상에 알려졌기 때문이다. 단체의 이름도 자칫 폭력 단체를 떠오르게 하는 '오토코구미'였다. 나 역시 여러 차례의 술자리 면접을 통과해 취재를 하기로 결정이 됐을 때야 오토코구미가 조직 폭력배하고는 거리가 멀다는 사실을 알 수 있었다.

"이름이 너무 폭력 조직 같지 않아요? 야쿠자도 '구미'가 붙은 이름 쓰잖아요?"

내 질문에 오토코구미의 대장 다카하시가 갑자기 소매를 걷어붙였다.

"내 문신 못 봤어? 이런 용 문신은 야쿠자 전용이야."

소문은 사실이었다.

"그럼 단원들이 모두 야쿠자입니까?"

옆에 있던 모히칸 머리를 한 기모토가 장난스럽게 자기 소매를 걷어 올렸다. 기모토의 팔에도 문신이 꿈틀거리고 있었다. 놀란 나에게 다카하시는 야쿠자는 자신 한 명뿐이라고 못 박아 말했다. 자세히 보니 기모토의 문신은 일본 젊은이들 사이에서 한때 유행한 패션 문신이었다.

물론 대장 다카하시가 전직 야쿠자인 것은 사실이었다. 다카하시는 야쿠자 중에서도 중간 보스로서 10여 명 이상의 조직원을 부하로 두었다고 했다. 10여 명이 넘는 조직원의 생사권을 책임지는 자리까지 오른 것이다. 경제적으로도 풍요로웠다. 다카하시는 여러 차례의 술자리 끝에야 자신의 야쿠자 생활에 대해 털어놓았다.

"야쿠자라는 게 어떤 건지 모르지? 영화나 신문만 본 사람은 몰라. 이젠 무슨 대기업처럼 합법적인 일만 한다고 생각하는데, 아니야."

자기 일도 아닌데 재일 한국인을 대신해 재특회와 몸싸움을 하고, 경찰과 맞서기까지 하는 모습을 보아온 나로서는 다카하시가 동네 깡패처럼 영세 상인을 괴롭히거나 함부로 주먹을 쓰는 모습은 상상하기 어려웠다. 다카하시는 세상 물정 모른다는 표정으로 나를 한참

카운터스의 무력 제압 부대, 오토코구미 단원들.

이나 쳐다보았다.

"나만 살아도 되면 그렇게까지 하지 않지만, 위로는 돈을 상납해야 하고 밑으로는 딸린 아이들 밥을 먹여야 해. 이제는 야쿠자 자체가 변했어. 보통 사람을 괴롭히지 않으면 돈이 안 돼."

실제로 오토코구미 활동을 하면서 재일 한국인 상인들이 감사하다고 할 때마다, 다카하시는 멋쩍어했다.

"가부키초에서는 상인들이 날 슬슬 피하는데 말이야. 내가 그렇게 나쁜 짓을 하고 다녔다고."

돌아서며 작게 내뱉는 한 마디가 다카하시의 예전 생활을 짐작하게 했다. 다카하시의 생활은 오토코구미를 만들면서 180도 변했다. 시위 현장에서 다카하시를 마주칠 때마다 의아한 것이 있었다. 종종 말끔한 양복 차림으로 등장하는 것이다. 알고 보니 영업 사원으로 일하는 다카하시는 급히 오느라 옷조차 갈아입기 어려울 만큼 직장 생활 때문에 바빴다. 시간을 내기도 어렵지만, 카운터스 활동에 들어가는 교통비도 부담스러울 만큼 빠듯한 수입이라고 했다. 야쿠자로 살 때는 경험하지 못한 생계 걱정이었다.

다카하시는 가난한 이혼 가정에서 자라면서, 이미 초등학교 때부터 자전거를 훔치는 등 속 꽤 썩이는 문제아였다. 공부도 하지 않아서 고등학교로 진학하는 것조차 불가능했다. 어머니가 소개해준 공장에 들어갔지만 얼마 버티지 못하고 도망쳐 폭주족으로 도로를 누볐다. 그렇게 목적 없이 살다가 야쿠자 사무실로 자원해서 들어갔다. 이쯤 되면 사실 여느 조폭 입성기하고 비슷했다.

다카하시는 자신이 얼마나 한심했는지 말해주겠다며 조선학교를 취재한 내가 듣기에는 꽤나 충격적인 사실까지 털어놓았다. 다카하시가 중학생일 때의 일이었다.

"지하철을 기다리고 있는데 조선학교 학생들을 만났어. 소풍을 갔다가 돌아오는 모양이었지. 그 학생들한테 싸움을 걸었다가 맞아서 앞니가 네 개나 부러졌어. 너무 분해서 조선학교 선생한테 침을 뱉었고 말이야. 그런 바보짓까지 했다고, 내가."

학교 밖으로 나서면 교복부터 갈아입어야 했다는 조선학교 학생들의 말은 사실이었다. 교복으로 재일 한국인인 사실을 티 내면 차별 발언을 듣거나, 협박을 당하거나, 싸움에 휘말린다고 했다. 여학생은 교복으로 입는 한복 저고리를 찢기는 폭행을 당하기도 했다. 너무나 일상적인 일이었다. 재특회보다 앞서서 재일 한국인에게 위협을 느끼게 한 익명의 가해자였던 다카하시가 이제 대신 맞서는 처지가 됐다. 다카하시는 내 짐작보다 더 많은 모순을 가진 인물이었다.

나쁜 놈이 더 나쁜 놈을 잡는다

오토코구미가 활동에 나서면서 카운터스의 수가 획기적으로 늘어났다. 내가 다카하시와 함께 지나갈 때마다 감사의 표시가 쏟아졌다.

"덕분에 시위 현장에 나오는 게 무섭지 않아요."

어떤 사람들은 이런 요청까지 했다.

"플래카드 부대가 저쪽에 서 있을 거예요. 시위대가 공격하는지 좀 봐주세요."

든든한 체격의 남자가 50여 명이나 등장하면서 카운터스에게 보호막이 생긴 것이다. 오토코구미의 방식이 어떻게 카운터스의 참여를 폭발적으로 이끌어냈는지는 시위 현장 하나만 살펴봐도 확실히 알 수 있다.

내가 처음으로 오토코구미 단원들과 함께 시위 현장에 나간 날도 그랬다. 다카하시가 재특회 거리 시위 현장에 나타났다. 다카하시는 함께 참석한 사람들과 반갑게 인사를 나눌 틈도 없이 사방을 두리번거렸다. 수백 명에 이르는 재특회 시위대보다 수적으로 열세였다. 경찰의 허가를 받은 시위대는 도로로 행진하도록 철저히 보호를 받는다. 경찰이 마치 인간 띠처럼 시위대를 둘러싸고 보호했다. 카운터스가 여러 차례 항의했지만, 경찰은 '표현의 자유'라는 이유로 재특회의 혐오 발언을 제재할 수 없다고 했다. 합법적인 시위대를 막는 것도 불법이었다.

그런데 경찰 복장을 차려입은 사람만 주목할 일이 아니었다. 옷차림은 평범했지만, 눈매만은 유난히 날카로운 남자 하나가 다카하시를 주시했다. 말 한마디 나누지 않았지만, 서로 이미 알고 있다는 눈길을 교환했다. 바로 다카하시 전담 경찰이었다. 다카하시가 인도에서 도로로 내려서면 곧장 경찰의 제지가 이어졌다. 이런 상황에서 재특회의 거리 행진을 어떻게 막을 수 있을까?

카운터스는 재특회와 경찰들이 몸으로 이은 장벽에 가로막혀 있었다. 현재 상황으로는 시위대가 행진하는 도로와 다카하시 일행이 허락받은 인도가 분리돼 둘 사이의 접촉은 불가능해 보였다. 모퉁이를 돈 재특회 시위대가 나타났다. 확성기를 통과한 혐오 발언은 이미 한

도로에 무작정 앉아서 시위를 방해하는 전략 '시트인'.

구역을 가득 채웠다. 그때 오토코구미 단원 중 한 명이 시위대 맨 앞으로 돌진해 도로 한가운데 앉아 버렸다. '시트인(SIT-IN, 연좌 농성)' 방식이었다. 경찰이 모여서 그 사람을 들어낼 때까지 불과 몇 분이지만 시위대는 웅성거리기 시작했다. 덩어리처럼 단단하던 재특회 시위 행렬에 조금씩 균열이 생기고 가장자리로 밀쳐져 나온 낙오자가 한두 명씩 발생했다. 그 낙오자의 어깨를 '만지며' 얼굴을 기억했으니 시위에 나오지 말라고 '조언'하는 게 오토코구미의 방식이었다. 그럼 다음 시위대의 참여자 숫자가 눈에 띄게 준다고 했다.

그러는 동안 다카하시는 행진하는 시위대를 앞질러 인도로 달려갔다. 다른 단원들의 길을 터주면서 횡단보도와 교차로에서 재특회 시위대에 자신의 존재를 알리려고 했다. 하지만 이번에도 경찰은 여지없이 다카하시를 인도로 내몰았다. 주변을 둘러보던 다카하시는 오토코구미 단원들 몇 명을 불러 모았다. 나도 카메라를 들고 무리에 섞여들었다. 스포츠 경기 도중의 작전 타임 때처럼 말이 빠르게 오갔다.

"지금 경찰이 자꾸 나를 따라다니니까 말이야. 누가 미끼가 돼줘야겠는데…."

단원들의 고개가 나를 향했다.

"카메라를 들고 있으니까 눈에 띌 거야."

어리둥절해하고 있는데 다카하시가 웃음을 보였다.

"이 감독은 그냥 무슨 일이라도 벌어진 것처럼 시위대 반대쪽으로 막 뛰어가라고, 너랑 너도 같이. 나머진 우리가 알아서 할게. 빨리 뛰어가야 해. 이 감독도 우리 단원이야."

다카하시가 시위대 앞쪽을 향해 천천히 걸어갔다. 당황스러웠지만 다른 단원들과 함께 시위대 뒤쪽을 향해 뛰었다. 경찰 10여 명이 따라붙었다. 카메라를 든 내가 가장 먼저 경찰에 잡혔다. 숨을 헐떡이며 둘러보니 그사이 다카하시와 다른 단원들이 경찰의 눈을 피해 시위대를 파고들고 있었다. 재특회 시위대의 구호가 멈추고 대신 비명이 퍼졌다. 다카하시의 주먹을 피해 시위대가 속절없이 갈려져 나가고 있었다. 다카하시가 막 확성기를 든 사람을 잡으려는 순간, 경찰들이 다카하시의 허리를 붙잡아 도로에서 끌어내기 시작했다. 그 순간까지도 오토코구미들은 "돌진!"이라고 외치고 있었다. 얼마나 주먹을 세게 쥐었는지 다카하시의 팔을 휘감아 도는 용이 마치 살아있는 것처럼 요동쳤다.

야쿠자 중간 보스에서 재특회 회원으로

다카하시는 야쿠자 시절에 지금 자신이 맹렬히 맞서 싸우는 적인 재특회의 시위에도 참가한 적이 있다고 고백했다. 재특회 시위대와 어깨를 나란히 한 사진도 있다는 것이다. 나는 그때까지 재특회의 회원들에게서 인간적인 면을 보거나 논리적으로 조금이라도 타당한 말을 들은 적이 없었다. 헤이트 스피치를 거리낌 없이 내뱉는 시위대를 바라보면서, 재특회 사람들이 나와 함께 술잔을 기울이거나 웃으며 대화를 할 수 있는 실제 존재하는 '사람'이라는 것을 상상한 적도 없었다. 그런데 그 경멸의 대상인 재특회 시위대의 일원이 바로 내 앞에 있었다. 다카하시는 금세 내 표정을 읽어낸 것 같았다.

"모두 이미 지난 일이야. 지금이야 넷우익이라고 따로 부르지만, 우익 중에서는 재특회가 이야기하는 것들이 그렇게 틀리지만은 않다고 생각하는 사람들도 꽤 있다고. 그래서 재특회에 들어간 사람도 있고 말이야."

그런 사람이 재특회에 맞서는 단체를 만든 저의가 궁금했다. 다카하시는 갑자기 진지한 말투로 말했다.

"어떤 활동을 하는 단체인지 직접 확인을 하고 싶었을 뿐이야. 나는 야쿠자였던 것만큼이나 재특회 시위대에 참가했던 게 부끄러워."

"그래서 넷우익 재특회가 어떤 단체던가요?"

아직 날이 선 내 질문에 다카하시가 명쾌하게 대답했다.

"뭐긴, 자기네가 무슨 말을 하는지도 모르는 헤이트 스피치 단체지. 꺼지라고 해."

다카하시를 재특회 시위대에서 끌어낸 건 트위터의 멘션이었다.

"'문신을 보니 야쿠자신가? 야쿠자가 왜 재특회 시위에?' 막 빈정대는 멘션이 왔더라고."

욱하는 성격에 트위터에서 서로 욕설을 몇 차례 주고받았다. 당시만 해도 야쿠자였던 다카하시에게 그런 욕설을 듣는 일은 생경한 경험이었다.

"너무 대범해서 반대파 야쿠자인 줄 알았어."

그래서 역시 '직접' 만나는 행동파 방식을 택했다. 현직 야쿠자를 '감히' 도발한 사람은 누굴까? 그 사람은 다카하시보다 먼저 카운터스 활동을 시작한 이토 씨였다.

야쿠자와 비폭력주의자의 교감

"야쿠자 정도는 겁나지 않으셨나 봐요?"

내 질문에 이토 씨는 웃음을 터뜨렸다.

"지금이야 웃지만, 그때는 '둘 중 하나는 죽을 것'이라는 생각마저 할 정도였습니다. 딱 저 인터폰에 다카하시 얼굴이 뜨는데 '아, 집에 나 혼자인 게 다행이다.'라는 생각만 들고 머릿속이 암전 상태가 되더라고요."

오랜만에 만났다는 이토 씨와 다카하시가 마주 보며 웃었다.

"나도 그랬지. 이 사람이 무슨 꿍꿍이가 있어서 야쿠자를 이렇게 도발하나? 겉으로야 사업가라지만, 사실은 야쿠자랑 연계된 건 아닌가? 어느 조직이지? 이런 생각을 하면서 온 거야."

이토 씨는 한 가정의 가장이자 사업가이다. 40대 중반을 넘어서 부동산과 건설업을 겸업하는데, 회사는 지방에서 제법 건실한 중견 기업으로 인정받고 있다. 이토 씨는 카운터스 운동이 퍼지기 이전부터 적극적으로 재특회 시위 참가자들을 찾아내 온라인과 오프라인을 가리지 않고 메시지를 보내고 직접 만나는 과정을 거듭해왔다. 재특회 시위대를 대할 때면 "고압적인 자세로 윽박지른다."라고 말하며 웃음 지었다. 안정적인 가정과 사업을 일군 중년 특유의 온화한 말투를 쓰는 이토 씨를 보면 그런 위협적인 모습은 상상이 가지 않았다.

"나는 다카하시처럼 시위대를 향해서 돌진하지는 못해요. 시위대에 섞여 있을 때는 재특회 회원들이 되게 확신에 차 있는 것처럼 보이잖아요. 그런데 이렇게 개인적으로 마주하면 눈도 못 마주칠 정도로 소심합니다."

SNS로 메시지를 건네는 것만으로도 시위에 오는 것을 막을 수 있는 사람들도 있다고 했다. 그런데 다카하시는 달랐다. 인터넷에서 설전을 하는 것도 모자라 집까지 찾아온 것이다. 그만큼 재특회 활동에 애착이 있었던 것일까? 아니면 야쿠자로서 자신의 힘을 믿었던 것일까? 이토 씨도 당시에는 어떤 게 다카하시의 본심인지 알 수 없었다고 했다. 그저 이상하게 이 사람은 그냥 야쿠자가 아니라는 직감이 들었다고 했다. 다카하시도 고개를 끄덕였다.

"그냥 남자끼리의 느낌이야. 뭐, 집에는 들일 수 없다고 멀리 가서 이야기하자면서 걸어가는데 동네 애들이 이 사람한테 반갑게 인사를 하더라고. 친한 동네 아저씨 대하듯이 말이야. 그래서 곧장 알았지. 아, 이 사람은 모니터 뒤에 숨어서 욕이나 하고 쓸데없이 다른 사람을 괴롭히는 사람은 아니구나. 말을 한번 들어보자."

이상한 교감이었다. 이토 씨는 당시 재특회 회원들을 대할 때와는 다르게 자신이 처한 곤경을 털어놓았다. 지금까지도 날아드는 협박 메시지, 인터넷에서 계속되는 비방, 사업체에 관한 음해와 협박까지 그 종류도 다양하다. 실제로 경제적 손실도 보았다. 이런 일에 이토 씨는 형사 고발과 민사 소송으로 강력하게 대응하고 있었다. 야쿠자와 '맞짱을 뜨는 일'도 두려워하지 않던 이토 씨를 괴롭히는 일은 따로 있었다. 바로 아이들에 대한 협박이었다.

"재특회가 악랄한 게 아이들까지 괴롭힌다는 겁니다. 엘리베이터에서 만나서 아이들을 어떻게 하겠다, 아이들의 학교에 찾아가겠다, 이런 말을 수도 없이 들었습니다. 제가 없을 때 재특회가 가족 앞에 나타나면 어떡하나 하는 두려움도 있습니다."

다카하시는 그런 이토 씨의 진솔한 말에 적잖이 충격을 받았다고 했다.

"난 재특회가 기존의 우익들이 하는 것처럼, 부강한 일본을 추구하는 줄로만 알았어. 그런데 사람들한테 협박 편지나 보내고 아이들까지 괴롭히고 있을 줄은 몰랐지. 이토 씨가 시위대의 구호를 잘 들어보라고 하더라고."

당시 다카하시는 왜 주먹을 휘두르는 대신 이토 씨의 말에 귀를 기울였을까? 이토 씨도 그 이유가 지금까지 궁금했던 모양이었다.

"나는 다카하시가 나를 만나지 않았더라도 재특회에 계속 남아있지는 않았을 거라고 생각합니다. 어린애처럼 순진한 소년 같은 사람이라서 말이지요. 금방 '재특회가 이상하다.'라는 생각을 했을 겁니다, 분명히."

다카하시는 생각이 또 달랐다. 다카하시는 그때 자신이 처지를 비관하며 방황을 하고 있던 시절이라고 했다.

"야쿠자의 불량한 생활을 그만둬야 한다는 회의가 들던 시점이었어. 그런 생각이 마음속에만 있고 실행까지 이어지지 않았고. 그러다 재특회에 반대하는 활동을 열심히 하는 이토 씨를 만난 뒤 이렇게 정열적인 사람들이 있다는 사실에 놀랐지. 그걸 계기로 불량스러운 일을 그만둬야겠다고 결심했어. 이 활동을 하기 전에 나는 진짜 나쁜 인간이었어. 여기에서 이야기할 수 없는 짓들도 많이 했지. 야쿠자 일도 했기 때문에 남은 인생은 그런 경험을 살려서 사회에 이바지하고 싶었어."

다카하시는 재특회의 시위 현장에서 휘날리는 욱일승천기가 눈에 아프게 박혔다고 했다. 혐오 발언은 날카롭게 몸과 마음을 파고들었다. 이렇게 몸에 직접 영향을 미치는 걸 경험하면서 혐오 발언이 폭력과 근본적으로 다른 게 없다고 생각했다.

"혐오 발언이나 차별 발언을 들으면 그 발언의 당사자가 아닌데도 마음에 흙탕물을 뒤집어쓴 듯 엄청나게 고통스러웠습니다."

이토 씨의 말에 다카하시도 고개를 끄덕였다.

"토요일과 일요일에 연속으로 카운터스 활동을 하러 가면, 월요일부터 수요일까지 컨디션이 망가져 나머지 요일에는 술을 진탕 마시고 싶을 뿐이야."

다카하시는 이토 씨를 만나 재특회 시위대에서 재특회 시위대를 막는 카운터스의 오토코구미로 180도 전향했다. 마찬가지로 비폭력주의자 이토 씨도 '전향'했다. 다카하시가 휘두르는 폭력에 대해서도 이해의 폭이 넓어진 것이다. 이토 씨는 야쿠자 출신인 다카하시가 주축이 돼 만든 오토코구미도 독특하게 해석했다. 오토코구미는 '몸을 사용해서 현행법의 아슬아슬한 곳까지 액션하는 단체'라는 것이다.

"(오토코구미의 활동은) 지금 당장 사람을 찔러 죽이려고 하는 것을 멈추려는 행동이 아닙니까? 그런 짓을 하지 말라고 말로 하죠. 그래도 그 손이 멈추지 않아서 어떤 사람이 찔릴 것 같으면 다카하시처럼 그 손을 잡아버려야 합니다. 그게 오토코구미가 하고 있는 활동이라고 생각합니다."

야쿠자와 호스트의 결의

유지로는 오토코구미 초창기부터 함께해 온 멤버로 일본에서는 잘 알려진 '유명 인사'다. 시위 현장에서 유지로의 외모는 다카하시와는 다른 의미로 튀었다. 다카하시는 용 문신과 마초 같은 외모에 재특회 시위대를 향한 거침없는 욕설과 민첩한 움직임으로 시선을 모았다. 반면 유지로는 최신 유행의 옷차림과 호리호리한 몸매에 손질한 앞머리가 흩어지지 않게 신경 쓰는 섬세한 손짓으로 눈길을 끌었다. 그래서 전직 야쿠자와 유지로가 함께 서 있는 모습은 기이한 풍경을 만들어냈다.

유지로는 '어깨발'을 내세우는 오토코구미 일행과 함께 있는 꽃미남이다. 하지만 꽃미남 외양과 달리 유지로는 오토코구미를 만든 원년 멤버였다. 그것도 술자리에서 호기롭게 말이다.

"모두 다카하시한테 들은 거예요. 술이 어찌나 센지. 난 '단체를 만들어보자'라는 말을 들은 기억밖에 없어요. 그런데 나중에 들으니 내가 '이름은 오토코구미로 하고, 현장 최전선에 우리가 서야 한다.'라고 떠들었다는 거예요."

다음날 숙취에 괴로워하는 유지로를 깨워 기억을 떠오르게 하고 회원 모집 공고를 내게 한 것도 다카하시였다고 했다.

"솔직히 나 같은 사람 때문에 오토코구미 회원들이 모였을까요? 아니요. 다들 다카하시를 보고 모인 거예요."

유지로는 외모나 인지도로 보면 오토코구미의 '얼굴마담'으로 보였다. 그러나 오히려 자신을 내세우길 꺼렸다.

"난 야쿠자보다 더 나쁜 사람이거든요."

인터뷰를 요청했을 때도, TV 출연 일정과 책 출판 일정 때문에 몇 차례나 인터뷰 날짜를 조율할 정도로 유지로는 바쁜 나날을 보내고 있었다. 이미 여러 권의 책을 써낸 유지로는 당시 재특회의 혐오 발언에 대항하는 단체들의 활동을 묶은 책을 펴냈다. 그 단체 중 하나인 오토코구미를 유지로는 항상 '이런 녀석들이 만든 단체'라고 불렀다. 그 이유를 묻자 뜻밖의 이야기가 나왔다. "나쁜 사람이 나쁜 사람을 깨부순다."라고 나서는 게 다른 카운터스에게 도움이 될지 걱정이 많았다는 것이다.

"카운터스는 정의의 편이잖아요. 반듯한 사람이 모였다는 이미지가 우리가 끼어들면서 흠집 나지 않을까? 이런 걱정을 많이 했죠. 우리는 현장에서 말다툼도 하고 실제로 맞서 싸우기도 해요. 그러니까 사람들이 '아, 저런 사람들도 맞서 싸우는 걸 보니 헤이트 스피치는 정말 극악이구나!'라고 생각할 것 같아요. 그렇죠?"

나는 점점 궁금해졌다.

"도대체 어떤 일을 하셨습니까?"

유지로가 머리를 넘기는 손짓과 함께 "하이리스크 노 리턴(high risk no return)"라는 수수께끼 같은 단어를 던졌다.

"알아듣기 어렵죠? 호스트바에서 일했어요."

어린 나이를 무기로 나이 든 여성들에게 성적인 매력을 어필해 돈을 버는 위험한 직업이라는 뜻으로 본인이 직접 붙인 이름이라고 했다.

"철이 없었죠, 뭐. 결혼 사기도 쳐봤어요. 죄 없는 여자들을 많이 괴롭힌 거죠."

오토코구미를 만든 유지로.

일본에서 호스트는 우리나라하고는 조금 다르게 직업의 하나로 인정된다. 호스트 출신이 아나운서나 TV 패널이 되는 일도 종종 있다. 단순히 호스트로서 겪은 경험으로 호기심을 불러일으키는 일회성 출연이 아니라 전격적으로 연예인이 되는 것이다. 그러나 유지로는 그런 경로를 밟은 것도 아니었다. 하나의 직업군으로 호스트를 선택한 게 아니라 그 과정에서 많은 사람에게 상처를 줬다. 또 자신의 도덕관에 비추어볼 때 여성들에게 나쁜 짓을 했다고 생각해 호스트 경력을 공개할 때마다 '아름답지 못한 과거'라고 말했다.

유지로는 전과도 있는데, 그 전과는 바로 우익 단체에서 활동하면서 벌인 범죄였다. 유지로는 이라크 파병에 반대하는 우익 단체에서 활동하며 과격한 행동을 한 것이다.

유지로가 보기에 오토코구미 사람들은 겉모습은 험악해 보이지만, 속마음은 누구보다 부드럽다고 했다. 왜냐하면 오토코구미 사람들의 행동과 말이 거칠고 실제로 과거가 험난한 다카하시와 유지로가 주축으로 있지만, 사실은 차별 발언을 듣는 것 자체가 '견딜 수 없어' 거리로 나설 만큼 감수성이 민감하고 여린 사람들이기 때문이라는 것이다.

"할 수밖에 없어서 하는 거예요. 나는 야쿠자였다, 나는 호스트였다, 지금 우리는 과거를 숨기지 않잖아요. 이제 와서 좋은 사람인 척하는 게 아니에요. 헤이트 스피치는 우리가 옳지 않다고 생각하기 때문에 막으려고 행동에 나선 거예요."

폭력의 정당성

『폭력』이란 제목의 책을 인상 깊게 읽은 적이 있다. 정치사상을 주로 다룬 책이었지만, 이 책에서 찾아가는 폭력의 어원이 인상 깊었다. 폭력(暴力)은 독일어로는 '게발트(Gewalt)'인데, 단어의 어원에는 '관리하다', '통제하다'라는 의미가 있다. 오토코구미의 핵심 단원인 다카하시와 유지로하고 이야기를 나누면서 나는 불현듯 이 책이 떠올랐다.

분명히 오토코구미는 폭력에 의지한다. 재특회가 폭력을 쓰기 때문에 폭력으로 대응하는 게 옳을까? 이런 의문은 쉽게 풀리지 않았다. 실제로 카운터스 안에서도 폭력을 쓰는 일에 의견이 분분했다. 이 논란은 아직도 가라앉지 않고 있다. 이런 이유로 카운터스가 조선학교 학생들과 만나 인종 차별 발언의 실태를 직접 듣고 그 차별 발언을 퇴치하기 위한 활동을 설명하는 자리에 유독 다카하시를 비롯한 오토코구미 단원들은 참석할 수 없었다. 그 정도로 외부에서 오토코구미를 보는 시선은 적대적이었다.

그런데 오토코구미의 활동 방식에서 통제를 벗어난 힘의 사용은 없었다. "화가 나서 때렸다."거나 "분노를 참지 못했다."라는 변명 따윈 없었다. "재특회는 나쁜 짓을 했으니 맞아도 된다."라는 정당화도 없었다. 오히려 오토코구미 단원들은 폭력의 성질을 잘 이해하기 때문에 폭력을 철저하게 계산적으로 이용하거나 배제하고 있다는 생각이 들었다.

유지로가 재특회와 패싸움에 휘말린 에피소드를 먼저 살펴보자.

2014년 10월, TV를 통해 일본 전국으로 보도된 큰 사건이었다. 그 사건은 당시만 해도 베일에 가려진 재특회 사무실에 공권력이 들어가게 된 계기로 재특회 회원 다섯 명이 상해 혐의로 체포됐다. 당시 방송에서는 "재특회 회원 등 다섯 명이 반대 단체의 남성을 집단으로 폭행한 혐의로 경시청에 체포됐다."라고만 밝혔다. 반대 단체의 사람 중 한 명은 갈비뼈가 부러질 정도로 큰 부상을 입었다고 했다. 취재를 하던 중 알아보니 국내의 언론에서도 이 사건을 보도한 적 있었는데 피해자를 '시민'이라고만 뭉뚱그렸다. 나는 유지로를 만난 뒤에야 그 반대 단체는 오토코구미였고, 피해자는 바로 유지로였다는 사실을 알게 됐다. 그때 당한 무시무시한 폭행을 이야기하면서 유지로의 표정은 너무나 태연하고 담담했다.

"오토코구미가 힘깨나 쓰죠. 우리는 여덟 명뿐이었지만, 힘으로라면 얼마든지 이길 수 있었을 거예요. 그런데도 우린 그냥 맞았어요. 주먹을 한 번이라도 휘두르면 쌍방 폭행이 되잖아요. 시위 현장에서도 재특회의 폭행에 맞서다가 비난을 받는데, 여기서 그러면 더 안 되죠. 전 늑골이 부러지고 응급실 실려 가고 난리였어요."

유지로를 포함해 오토코구미 회원들 여덟 명은 약속이라도 한 듯 날아드는 주먹에 몸을 맡겼다. 쌍방 폭행이 아닌 일방 폭행으로 경찰에 신고하기 위한 전략이었다. 서로 의논도 하지 않았는데 바로 알아채고 공유한 의도였다.

힘이라면 남부럽지 않은 오토코구미는 분노를 표현하기 위해서도, 주먹을 한 번 쓸 기회를 엿보기 위해서 모인 것도 아니었다. 오토코구미가 쓰는 폭력은 철저히 재특회 시위를 막고 사회단체라는 허울을 쓴 인종 차별 단체의 실체를 폭로하기 위한 전략이었다. 유지로는 자신은 폭력을 사용하지 않지만 몸싸움도 마다하지 않는 다카하시를 적극적으로 옹호했다. 아무 때나 사용하는 폭력이 아니라 다른 사람을 보호해야 하는 불가피한 상황에서만 사용하는 '절제된 폭력'이기 때문이었다.

나는 어떤 형태의 폭력이든 미화할 생각은 없다. 하지만 수위나 빈도에서 철저히 절제된 폭력은 어떻게 평가해야 하는지 혼란스러웠다. 이를테면 재특회 시위대가 외치는 헤이트 스피치는 과연 물리적인 힘을 쓰지 않았다고 해서 강도가 약한 폭력일까? 그러니까 용인할수 있는 것일까? 재특회 시위대가 지나가는 사람을 폭행하는 일을 막기 위해 주먹을 들었다면, 피해 당사자가 아니므로 자기 방어권을 인정받을 수 없는 걸까? 이런 의문이 꼬리에 꼬리를 물었다. 그리고 그런 의문의 답을 찾기 위해 나는 오토코구미 단원으로 다시 시위 현장에 나섰다.

4°

인종 차별에
맞선 녀석들

대장 다카하시

〈오토코구미 모집 공고〉

재특회에 맞서 시위 현장 최전선에서 싸울 수 있는 사람을 모집합니다.

@ 오토코구미? 자니스(일본의 아이돌 그룹을 주로 만드는 유명 기획사)의 오토코구미 그룹하고 무슨 상관이 있나요?

@ 아무 상관 없습니다. 그저 우리는 남자들이 주축이 돼 모인 남자다운 모임입니다.

@ 이 단체는 좌익인가요?

@ 저는 우익이지만 상관없다고 생각합니다. 다시 한 번 강조하지만, 조건은 하나입니다. 시위 현장 최전선에 나설 수 있는 사람을 찾습니다.

이 간단한 트위터의 트윗을 통해 처음 모인 사람이 열 명 정도이다. 오토코구미는 점차 60여 명으로 단원을 늘렸다. 하지만 하고 싶다고 해서 모두 오토코구미 단원이 될 수 있는 것은 아니었다. 나만 해도 처음 취재 요청을 할 때조차 철저하게 '사상 검증'을 받았다. 오토코 구미에서는 우익과 좌익은 중요하지 않다. 좌우의 사상보다 더 중요한 것은 따로 있었다.

"차별이 무엇이라고 생각하나?"

"여자를 얼마나 존중하는가?"

"외국인 노동자가 일본 사회에서 하는 역할은 무엇인가?"

"잘못한 아이에게는 어디까지 책임을 물을 수 있는가?"

오토코구미는 이런 사회적 지위나 역할에서 주어지는 차별에 더 민감했다. 이 질문들은 공통적으로 사회적 약자에 대한 감수성을 묻는 듯했다. 내가 재특회를 당연히 미워할 '한국인'이라는 사실을 알고 있었지만, 내 국적도 크게 상관하지 않는 듯했다.

막상 만난 오토코구미 회원들도 내 생각하고 달랐다. 오토코구미라고 하면 모두 대장 다카하시처럼 건장한 체격에 시위 현장에서 혐오 시위대를 온몸으로 막을 수 있는 힘 제법 쓸 것 같은 남자들을 떠올렸다. 그러나 나처럼 체구가 크지 않은 단원도 꽤 됐다.

"나는 비폭력주의자입니다!"

이렇게 선언하는 단원도 있었다.

"도대체 왜 오토코구미에 지원한 겁니까?"

나는 회원을 새로 만날 때마다 물어보았다. 사람들의 대답은 한결같았다.

"대장 다카하시 때문이죠."

심지어 이렇게 말하는 사람도 있었다.

"지원하지 않았습니다. 대장 다카하시가 술자리에서 갑자기 '너는 오토코구미야!'라고 하더니 단체 채팅방에 끌어다 놓았죠."

취재하려고 오토코구미를 만났다가 엉겁결에 단원이 됐다는 사람도 있었다. 그 사람은 2010년부터 재특회의 시위를 심층 취재해 『거리로 나온 넷우익』(후마니타스, 2013)이라는 책을 펴낸 르포 저널리스트 야스다 고이치(安田浩一)였다. 야스다 기자는 내가 알아보고 아는 체를 하자 겸연쩍어했다.

"나는 좌익 성향이 강하지만 이곳에서는 그런 게 중요하지 않습니다. 우연히 시위대에서 다카하시를 만난 뒤 오토코구미를 지켜보았죠. 그러다 어느새 나도 오토코구미 멤버가 되었습니다. 제대로 활동을 하지는 않지만 이 사람들이 말하고자 하는 것들에 동의합니다. 특히 다카하시가 대장이라고 불리는 이유가 있어요. 다카하시는 우익에다 정치적인 지식이나 사상은 없지만, 다양한 사람들을 끌어모으는 매력이 있습니다. 진정성이랄까요."

이렇게 다양한 사람들을 한데 묶을 수 있는 원동력은 역시나 대장이라고 불리는 다카하시였다. 오토코구미에 대해서 노리코에네트 대표 신숙옥 씨는 명쾌한 해답을 줬다.

"오토코구미는 다카하시 팬클럽이라고 할 수 있죠. 다카하시의 뜻과 생각에 사람들이 저절로 동화돼요. 다카하시는 인간의 '프로바이더(공급자)'인 셈이죠. 하하하."

다카하시는 항상 "나는 폭력밖에 쓰지 못하는 바보"라고 자기 자신

오토코구미 대장, 다카하시.

을 이야기했다. 그런 다카하시가 오토코구미의 회원을 뽑는 면접 방법은 독특했다. 오토코구미의 변화에 따라 필요한 사람을 특별히 찾고 있었다. 현장에서 시바키 부대나 플래카드 부대에 참여하는 카운터스 중에도 필요한 사람이 있으면 눈여겨보다가 오토코구미 단원으로 영입했다.

"도대체 오토코구미가 될 수 있는 기준이 뭔가요? 힘을 쓰는 사람만 뽑는 것도 아니고?"

심지어는 방 안에서 좀체 나올 것 같지 않은 오타쿠 아마추어 만화가까지 영입하는 걸 보고 먼저 물어본 적도 있었다. 자신을 현장 최전선에서 신체적 위협에 맞설 때만 대장이라고 불러달라고 한 다카하시가 말했다.

"내가 싸움판은 다른 누구보다 가장 잘 아니까 말이지. 폭력은 나만 써도 된다고 생각해. 자칫하면 경찰에 체포될 수도 있는데 그걸 다른 단원들한테 강요할 순 없어. 처음엔 넷우익을 쉽게 없애 버릴 수 있을 것 같아서 오토코구미를 만들었어. 그런데 처음 시위에 나가보니까 바로 알겠더라고. 쉽지 않겠구나. 그래서 단원들에게 해가 될까 두려워."

다카하시는 이제까지 자신이 속해 있던 야쿠자 조직의 생리인 위에서 명령하면 아래에서 무조건 그 명령을 따르는 방식으로 오토코구미를 이끌어나가지 않았다. 생계가 따로 있는 회원들을 위해 회의는 모두 인터넷 채팅방에서 열렸다. 단체 채팅방에서는 거의 매일 투표가 벌어졌다. 오사카와 교토 등의 지방에서 열리는 헤이트 스피치 시위대를 막기 위해 도쿄에서도 원정을 가야 하는지, 지하철 앞 넷우익의 거리 선전대를 보아 넘길 수 없다는 제보를 받고 어떻게 할지도 하나하나 투표로 결정했다. 사람들이 오토코구미에 모인 이유는 다카하시 때문일지 모르지만, 오토코구미를 운영해나가는 방식은 절대로 1인 지배 체제가 아니었다. 사람들 모두 다카하시를 이름보다는 '대장'이라고 불렀지만, 실제 그 사람들의 관계는 친구나 동지라고 하는 게 더 어울렸다.

행동파부터 심리 전략가까지, 오토코구미 단원들

다카하시와 함께한 사람들을 '덩치'라고 여러 차례 표현했지만, 야쿠자 출신은 다카하시 한 명뿐이었다. 취재를 하고 난 뒤 유지로와 기모토 등의 직업을 알게 됐는데, 그 직업이 모두 내 예상을 벗어났다. 오토코구미 회원들의 직업은 작가, 음악가, 만화가, 대형 마켓 직원, 건축설계사, 사진작가, 배달부 등 다양했다. 한 마디로 우리가 이웃으로 만날 수 있는 평범한 사람들이었다. 거기다 무엇에 대적하기 위한 어떤 종류의 실전 경험도 없는 일반인이었다. 하지만 시위 현장에서 만난 오토코구미의 행동은 조직적이고 효율적이었다. 특히나 눈에 띄는 몇 명을 소개해본다.

행동파 기모토

기모토 다쿠시는 오토코구미에서 수난의 아이콘이다. 짧은 머리를 한 기모토는 고등학생 때 전국 대회에 참가할 정도로 가라테 실력이 좋았다. 고등학교를 졸업한 뒤에 킥복싱에 푹 빠지기도 한 만큼 체격이 다부지다. 거기다 다카하시와 붙어 다니는 바람에 역시 야쿠자 출신이 아니냐는 오해도 많이 받았다. 미술을 좋아해서 젊을 때 멋으로 한 패션 문신도 언뜻 보면 다카하시의 문신과 비슷했으니 사람들을 탓할 일만은 아니다. 아직도 꾸준히 운동을 하고 있기 때문인지 시위 현장에서 본 기모토의 활약은 힘과 민첩성만 따지자면 전직 야쿠자 다카하시에 뒤지지 않는다. 내가 오토코구미를 처음 목격한 신오쿠보 공원 진입로에서 다카하시 옆에서 100여 명의 시위대를 몸으로 막으며 버틴 인간 바리케이드 중 한 명이다. 당시의 활약상에 대해 감탄하자 기모토는 아쉬워했다.

"그날 거기서 경찰에 둘러싸였잖아. 시위대는 도로로 나가는데 우린 거기에 1시간이나 묶여 있었어. 아휴, 미치겠더라고. 오토코구미가 조금 더 머리를 써야 한다는 걸 그때 깨달았다니까. 구간별로 나눠서 미리 자리를 잡거나 해야겠더라고."

기모토는 말보다 몸이 먼저 나가는 행동파였다. 또한, 도쿄의 대형 마켓에서 일하는 평범한 월급쟁이다. 눈썰미가 제법 좋다고 자부하는 나도 마트에서 섬세하게 상품을 진열하거나, 손님에게 상냥하게 응대하는 기모토를 한눈에 알아보지 못했다. 문신은 단정한 유니폼 소매로 가린 채였다. 상품을 진열하고 재고를 파악하느라 분주한 기모토는 회사 사람들에게 자신이 오토코구미라는 사실을 알리지 않았다며 손가락 신호를 해 보였다. 마켓 밖에서 기모토를 기다리며 생각해보니 기모토는 단체 채팅방에도 들어가 있지 않았다. 시위 현장에서는 가장 저돌적으로 재특회 시위대를 돌파하는 행동파 중 한 명인데 말이다. 휴식 시간이 돼서야 밖으로 나온 기모토는 나에게 미안하다는 뜻으로 손을 모아 보였다.

"내가 다른 사람 눈치를 보는 스타일은 아닌데 말이야. 며칠 후에 정직원으로 발령 나거든. 그래서 근무 시간에 도저히 짬을 낼 수가 없네. 미안해."

마켓 점원인 다카하시는 남자 냄새를 풀풀 풍기는 시위 현장에서 보여주는 모습과 어쩜 이렇게 다른 모습인지 잠시 의아할 정도였다. 내가 동네 슈퍼와 거리에서 마주치는 평범한 월급쟁이의 단정함이 자연스럽게 묻어나왔다.

"그런데 단체 채팅방에 없네요? 회원이 전부 등록된 게 아닌가요?"

내가 불쑥 묻자 기모토가 대수롭지 않게 대답했다.

"회원 전부 등록된 거 맞아. 나만 빼고."

기모토는 오토코구미가 처음 열 명으로 시작할 때부터 시위에 참가한 핵심 단원이었다. 왜 채팅방에는 들어오지 않았을까 궁금했지만, 기모토는 그 자리에서 바로 대답하지 않았다. 그리고 직장에서 오토코구미 활동에 대해 공공연하게 밝힐 수 없다며 퇴근한 뒤 집으로 오라고 했다.

40대 일본 독신남의 집이 흔히 그렇듯 가재도구 없이 휑한 데도 도쿄의 전형적인 원룸이라 무척 비좁았다. 집안을 둘러보고 있는데 기모토가 뜻밖의 말을 던졌다.

"이혼한 남자 집이 이 정도면 됐지, 뭐."

이혼한 사실은 처음 알았다.

오토코구미 본부장, 기모토.

"내가 오토코구미 활동을 시작한 것도, 그러면서도 단체 채팅방에선 빠진 것도 다 전처 때문이야. 전처가 재일 한국인이거든."

기모토가 내민 사진에는 스무 살의 어린 신랑과 신부가 해맑게 웃음 짓고 있었다.

"이혼하기 전에도 이렇게 헤이트 스피치나 차별에 민감한 사람이었나요?"

기모토는 머리를 긁적이며 말했다.

"전처가 재일 한국인이어서 일자리를 구할 때 차별을 받기도 했어. 그때 무심하게 '그럼 귀화하면 되잖아'라고 말했지. 그러자 전처는 국적은 자기가 고를 수 있는 게 아니라고 하더라고. 그렇게 태어난 건데, 그걸로 차별하는 게 이상한 일이 아니냐고 했어."

기모토는 처음 헤이트 스피치 시위를 목격했을 때 정말 큰 충격을 받았다고 했다.

"내가 아는 재일 한국인들은 모두 좋은 사람이라고는 할 수 없지만, 재특회 사람들이 말하는 것처럼 학살 당해야 할 만큼 잘못한 건 아니었어. 설사 잘못을 했더라도 사람들을 그렇게 죽인다는 것이 헌법이 있는 나라에서 가당키나 한 거야? 다카하시를 만나고 오토코구미로서 첫 시위를 나갔다가 온몸에 다 멍이 들었거든. 그걸 보더니 전처가 펄펄 뛰었어. 다치는 건 둘째 치고 그러다 체포되면 어떻게 할 거냐고."

기모토가 오토코구미에 참여하는 것은 어쩌면 전처에 대한 속죄인지도 모른다. 차별받는 사람들의 실상을 가까이에서 봤기 때문에 기모토는 그 고통과 슬픔을 너무나 잘 알고 있었다. 기모토의 얼굴이 다시 한 번 굳어졌다.

"재특회 시위대랑 마주칠 때마다 슬퍼하던 아내 얼굴이 겹쳐져. 재일 한국인이라면 다 그런 슬픔을 느끼겠지. 그런데 아이들에게까지 이런 사회를 남겨줄 순 없잖아."

오토코구미의 행동파에 어울리는 기모토의 거친 외모 아래에는 뜻밖에 순정남이 숨어있었다. 기모토와 다카하시는 오토코구미를 조직하며 처음 만났지만 곧 죽마고우나 다름없는 사이가 됐다. 기모토가 이혼한 뒤 두 사람은 이 좁은 집에서 오랫동안 함께 살았다. 다카하시가 야쿠자를 그만두고 재특회 시위를 반대하는 활동을 하면서 경제적으로 곤란해졌기 때문이다. 하지만 둘의 동거는 기모토가 오토코구미라는 사실이 회사 사람들한테 알려지면서 끝나버렸다.

"재특회 시위를 막기 위해 오토코구미로 활동하자마자 어떻게 알았는지 넷우익들이 회사로 메일을 보내기 시작한 거야. '다카하시는 전직 야쿠자다.', '지금도 야쿠자 활동을 하고 있다.'라고 음해했어. 그런 문제가 있는 직원을 고용하다니 불매 운동하겠다고 하면서 시끄럽게 굴더라고. 회사에 계속 방해 전화도 하고 말이야. 그 사람들이 너무 시끄럽게 구니까 회사에서 우리를 해고했어. 지금 내가 계약직으로 다시 취업을 하니까 단체 채팅방에서 일어나는 일은 자기가 전해준다면서 다카하시가 나를 명단에서 뺀 거지. 일단 정규직이 될 때까지는 숨기기로 했어."

다카하시와 기모토가 한 앵글에 들어와 있으면 언제나 흥겹고 종잡을 수 없다. 인터뷰를 하는 도중 불쑥 소변을 보러 가겠다고 하거나 자리를 박차고 일어나서 카메라를 막으며 "이제 그만!"이라고 외치기도 했다. 하지만 그러면서도 상대방을 향한 우정은 숨기지 못했다. 기모토가 번 돈을 전처한테 대부분 보내는 사실을 알게 된 다카하시는 기모토가 일자리를 잃지 않게 최대한 배려했다. 다카하시는 기모토가 떳떳하게 오토코구미로 다시 활동할 수 있을 때를 손꼽아 기다리고 있었다.

기획자 야마타쿠

명문대 출신의 잘나가는 이 건축설계사는 '쿠~'라는 귀여운 별명으로 불린다. 그러나 야마타쿠의 외모는 그리 귀엽지(?)만은 않다. 야마타쿠를 처음 보았을 때, 갑자기 시간이 느리게 흘러가는 듯한 느낌을 받을 만큼 인상 깊은 사건이 있었다. 처음 오토코구미를 따라 시위에 나간 날, 경찰 띠에 막힌 채 재특회 시위대를 향해 핏대 높여 반대 구호를 외치던 야마타쿠가 갑자기 도로로 뛰쳐나갔다. 다카하시도 뚫지 못한 봉쇄선이었다. 다음 행동은 더 놀라웠다. 야마타쿠가 시위대를 정면으로 마주 보며 도로에 그대로 앉아버린 것이다. 도로를 독점하고 거침없이 거리 행진을 벌이던 재특회 시위대가 멈춰 섰다. 잠시 정적이 흘렀다. 그 순간 재특회 시위대와 오토코구미 멤버들의 충돌은 마치 영화의 한 장면처럼 슬로우 모션으로 천천히 재생됐다.

나중에 화면을 확인해보니 야마타쿠가 도로에 앉아 있었던 시간은 무척 짧았다. 경찰들이 무리 지어 '불법 도로 점거'라고 소리를 지르며 야마타쿠를 바로 끌어냈기 때문이다. 하지만 몸부림을 치는 야마타쿠의 모습은 인도에 있던 카운터스에게 자극을 준 것 같았다. 오

경찰 저지선을 뚫고 시트인을 한 야마타쿠.

토코구미 단원들이 모두 제각각 도로로 뛰어나가고 경찰들과 추격전을 벌였다. 재특회 시위대는 순식간에 아수라장이 됐다. 잠시 후 정신을 차려보니 1차 돌진에 실패한 다카하시가 숨도 고를 틈 없이 야마타쿠에게 다가가고 있었다. 상가 근처의 그늘에서 고개를 숙인 채, 카운터스에게 둘러싸여 있던 야마타쿠가 고개를 들었다. 경찰과 몸싸움을 하는 와중에 안경이 부러지면서 얼굴에 상처가 났다. 피까지 흐르고 있지만 "괜찮다."라는 말을 연발하는 야마타쿠를 보자마자 다카하시는 다시 '돌진'을 외치며 시위대를 향해 달려갔다. 비록 경찰에 포위돼 좌절됐지만, 그날의 시위 현장은 그 어느 때보다 뜨거웠다. 이렇게 사람들을 달굴 수 있는 사람은 오토코구미에서도 몇 사람밖에 안됐다.

오토코구미 회원들은 시위가 끝나면 으레 술자리를 벌였다. 늘 술자리를 갖는 이유는 혐오 발언을 들으면 '오물을 뒤집어쓴 기분'이 들어, 술로 씻어내지 않으면 도저히 잠을 잘 수 없기 때문이라고 했다.

"아직도 욕설이 귓가에 울려. 온몸을 두드려 맞은 기분이야."

이런 말이 술안주가 됐다. 그러나 야마타쿠가 시위대를 저지하려고 몸을 던진 그날은 분위기가 달랐다. 다카하시마저도 이렇게 감탄했다.

"거기 야마타쿠가 앉는 순간 카운터스 사람들이 일제히 숨을 죽였다가 '와' 하고 소리를 지르는데 전율이 느껴지더라."

정작 얼굴에 반창고를 붙이고 부러진 안경을 쓰고 앉은 야마타쿠는 조용히 술잔을 기울였다. 야마타쿠는 오토코구미에서 주로 기획을 맡고 있다. 재특회 시위대를 어떻게 막을지 늘 새로운 아이디어를 냈다. 원전 반대 시위에 가담했다가 재특회 시위를 접하고 카운터스 활

동을 하기 시작했다는 야마타쿠는 담담히 자신의 어린 시절을 들려
줬다.

"나는 재일 외국인 지구에서 자랐어요. 가난한 동네라서 외국인 노
동자가 많았지요. 재일 한국인, 중국인, 파키스탄인, 영국인까지 있었
어요. 학교 역시 국제학교 같은 분위기였고요. 그래서 누군가 인종 차
별적인 발언을 하면 주변 어른들한테 혼났습니다. 어른들은 다 똑같
은 사람인데 그렇게 말하면 안 된다고 했죠. 제가 태어난 곳이었으면
이런 차별이나 헤이트 스피치는 동네 무서운 아저씨가 화내면서 혼
내고 끝냈을 일인데요. 왜 어른들과 경찰이 나서서 넷우익을 보호하
는 건지 모르겠어요."

야마타쿠는 자신이 어렸을 때 차별 발언을 하면 무섭게 혼내던 어른
들처럼 자신 역시 재특회 시위대에 "헤이트 스피치에 반대하는 무서운
어른이 있다."라는 사실을 보여주고 싶다고 했다.

지략파 노치

"우리 성명서입니다. 내일 발표하자고요."

남자는 퇴근한 뒤 급하게 달려온 티가 역력했다. 그는 자리에 제대
로 앉기도 전에 숨을 헐떡이며 서류 가방에서 종이를 내밀며 말했다.
다카하시는 "우리 오토코구미의 머리"라며 노치를 소개했다.

"노치가 오기 전에 우리 오토코구미는 몸만 있고 머리가 없는 곳이
었어."

자리에 모인 회원들 모두 고개를 끄덕였다. 그렇다고 노치가 무슨

제갈공명 같은 인물인 것은 아니다. 노치는 전형적인 샐러리맨으로서 마치 일본 만화 『시마 과장』의 주인공인 시마 과장의 실사판 같은 느낌이었다. 노치는 명문대를 졸업하고 대기업에 순조롭게 취직해 해외 근무까지 마친 엘리트로 한 회사에서 네트워크 관리자로 30년 동안이나 꾸준히 일했다. 노치는 대학을 졸업하는 동시에 취업을 하고, 결혼을 하고, 아이를 기르는 등 일상에 묻혀 사회 문제에 적극적으로 나서지 못했다고 했다. 그런 노치를 바꿔놓은 것은 현장에서 본 '뜨거운 남자' 다카하시였다.

"진짜 헤이트 스피치를 증오해요. 나도 인종 차별을 당해본 적 있거든. 출장 때문에 외국에 자주 갔습니다. 그때 가게에 가거나 관공서에 가면서 이런 게 차별을 당하는 것이라고 느끼게 한 경험이 많았어요."

일본에 돌아온 뒤 차별에 대한 기억은 곧 잊었다. 좌익인 노치는 거리에서 헤이트 스피치 시위를 만났을 때 곧장 분노를 느꼈지만, 헤이트 스피치에 맞서기 위해 시위 현장에 나가기까지는 주저하는 시간이 길었다.

"한심하게 들릴지 모르지만, 무서워서 주저했어요. 혼자 가봐야 뭘 할 수 있겠어? 이런 생각도 했고요. 재특회한테 맞았다, 봉변을 당했다, 이런 사람도 있었잖아요. 무엇보다 자기 일이 아니면 그런 현장까지 가고 싶지 않잖아요. 카운터스에게 달걀을 던지는 사람도 있었고 말이죠. 그런데 시위 현장의 카운터스가 SNS에 계속 시위 현장에 있는 오토코구미의 모습을 올리는 거예요. 이제 재특회 시위대를 겁내지 않아도 된다고 말하면 말이에요."

그 말에 노치는 헤이트 스피치 반대 시위에 참여하기 시작했고, 오토코구미의 등장 자체만으로도 카운터스의 숫자가 늘어나는 걸 피부로 느꼈다. 이후 노치는 오토코구미에서 성명서를 작성하는 일은 물론이고, 폭력을 최소화하면서 재특회 시위대를 줄이는 데 필요한 전략을 짰다.

노치가 펼친 신오쿠보 주변의 지도를 보고 나도 입이 딱 벌어졌다. 재특회 집회가 있는 공원 근처의 지하철역, 버스 정류장, 골목이 서로 다른 색의 형광펜으로 알록달록 표시돼 있었다.

"일단 시위대가 모이면 우리가 수적으로 밀리잖아요. 시위대가 서로 합류하지 못하게 해봅시다."

재특회의 시위가 시작되기 전, 지하철역에서 오토코구미 회원이 미리 기다리고 있다가 재특회 회원들이 나타나면 설득하거나 막아서 집으로 돌려보내자는 아이디어였다. 일명 '귀가 작전!' 오토코구미 회원들의 감탄이 이어졌다.

"재특회 시위대가 그래요. 그냥 일대일로 만나면 겁을 먹고 반항도 안 하거든요."

단원들이 앞다투어 자신이 지하철역을 전담하겠다고 나섰다.

"역시 우리 브레인이라니까!"

다카하시는 노치를 오토코구미의 '머리'로 인정하면서 그 작전을 승인했다. 노치의 전략을 보고 나도 매우 놀랐다. 어떻게 이런 생각을 했느냐고 묻자 노치는 겸연쩍게 말했다.

"40대 회사원이 힘을 써봤자 거기서 거기죠. 재특회 사람들을 이길 수 없으니 이렇게라도 해야죠."

▲ 오토코구미 부장, 노치.
▼ 재특회 시위대를 줄이기 위한 노치의 '환상의 계획.'

심리 전략가 야스다

앞서 이야기한 야스다 고이치 기자는 재특회 시위 현장의 주요 표적이다. "극좌 저널리스트 꺼져라", "야스다, 삼류 기자", "남북한의 개" 등 내가 곁에서 들은 것만 해도 머리카락이 쭈뼛 서는 욕설들이 야스다 기자를 향해 쏟아졌다. 특히 넷우익에 대한 저서로 얼굴을 알린 2013년 이후, 도쿄 신오쿠보에서는 기자로서 취재가 어려울 정도였다. 그런데 그런 욕설에 맞서는 야스다 기자도 보통이 아니었다. 이를테면, "진짜 국적을 대라, 조선놈!"이라는 호통에 야스다 기자는 무표정한 얼굴로 "제가 아는 한은 일본 사람입니다만."이라고 간결하게 대답하는 식이다. 야스다 기자를 향한 위협 때문에 옆에 있던 진짜 한국인인 내가 놀랄 정도였지만, 오히려 야스다 기자는 매우 담대했다.

"제 성 '야스다(安田)'가 재일 한국인이 통명으로 많이 쓰는 성이라고 하더라고요. 그런데 그런 걸 따지고 욕하는 것도 아닙니다. 그냥 의견이 다르거나 마음에 들지 않는 사람은 재특회 회원들한테 무조건 '조선인'이에요. 원전 문제를 이야기할 때도 조선인이 운영하는 파친코가 전력 낭비를 하고 있다고 '조선인 죽여라!' 하던 사람들이죠. 그냥 막 갖다 붙이는 겁니다."

야스다 기자는 자신은 재특회 회원들이 하는 말은 논리적으로 맞지 않으니 틀렸다고 말하는 것뿐이라고 했다. 이런 담력이 있으니 오토코구미가 되는 게 당연하다고 생각했다. 2년 동안이나 온갖 협박과 회유를 당하면서도 재특회 시위 현장에 빠지지 않았다. 사쿠라이 마코토가 야스다 기자의 이름까지 거론하며 비난을 퍼붓기도 했다. 그런데 야스다 기자의 속마음은 또 달랐다.

"예전에 저는 재특회 회원들을 만나러 집에 가서 초인종을 누를 때마다, 차라리 집에 아무도 없었으면 좋겠다는 생각을 할 정도로 겁쟁이었습니다. 그건 지금도 마찬가지고요. 그런데 그사이 재특회 시위대가 수십 명에서 수백 명으로 늘어났잖아요? 이건 천천히 판단할 문제가 아닙니다. 일단 이 헤이트 스피치를 없앨 수 있는 행동에 나서야 한다고 생각했습니다."

야스다 기자는 오토코구미 단원들에게 재특회 회원들의 심리적 상태를 자세히 알려줬다. 오토코구미의 심리적 전략가라고 할 수 있다. 시위를 하기 전에 지하철역 등에서 재특회 회원들을 만나 어떻게 '설득'할 수 있는지 알려줬다. 재특회 회원들이 시위대로서 뭉쳐 있을 때는 보이지 않는 약점들을 포착해냈다.

"재특회 시위에 나선 사람이라고 해서 다 극성 회원은 아닙니다. 선동에 밀려나온 사람들도 많아요. 어르신 중에는 그냥 모임에 나갔더니 재밌어서 계속하는 분들까지 있어요. 그런 사람들은 '설득'이 가능합니다."

무조건 힘으로 재특회 시위대를 막을 순 없었다. 논리적으로 당신들의 의견이 왜 틀렸는지, 무엇이 잘못됐는지를 조목조목 알려줘야 한다고 했다. 오해를 풀어야 이해가 가능하다는 게 야스다 기자의 의견이었다. 야스다 기자는 지금도 현장에서 누구보다 맨 앞에서 서서 재특회를 취재한다. 그리고 언론을 통해 재특회가 하는 말에서 잘못된 지점들을 찾아내 지적하고 사람들을 설득하는 역할을 하고 있다.

재특회를 밀착 취재해온 야스다 기자.

전속 사진사 로디

다카하시는 시위 현장에서 재특회 회원뿐만 아니라, 재특회 시위대에 맞서는 사람들의 얼굴도 눈에 담는 듯했다. 처음 SNS에서 모집에 반응한 사람들 말고도 수많은 사람이 다카하시와 술잔을 기울이는 것으로 오토코구미 단원이 됐다. 어떻게 오토코구미가 됐냐고 물으면, 대개 이 사람들은 "다카하시가 어느 날 술자리에서…"라는 말을 하기 마련이었다. 자신이 왜 오토코구미가 됐는지, 왜 단체 채팅방에서 수십 명의 사람과 동선을 짜고 있는지, 왜 재특회 시위대에 맞서고 재특회 회원들에 관한 정보를 공유하는 데 열중하게 됐는지, 왜 이렇게 열정적으로 활동하는지 설명할 길이 없기 때문이다. 생계를 위해 평소에는 공사장에서 일하는 오토코구미의 공식 사진작가 로디도 그렇다.

로디는 처음 사진기를 들고 재특회 시위대 속으로 뛰어들었을 때, 어떤 대상을 찍어야 할지 확신이 없었다고 했다. 재특회 시위대를 채증 사진을 찍듯이 카메라로 찍기도 했고, 혐오 발언에 충격을 받아 눈물을 흘리는 길가의 여성을 찍기도 했다. 그런 두서없는 뷰파인더에 문신을 한 튀는 남자 다카하시가 들어온 것은 어쩌면 필연일지도 모를 일이었다. 곧 로디는 오토코구미와 함께 뜨거워졌다.

현장에서 로디는 언제나 오토코구미의 최전선에 섰다. 나도 카메라를 들고 있어서 로디하고 부딪힐 일도 많았다.

"내 옆으로 오지 마. 내가 '커버'하지 못하는 사각지대 좀 찍어요."

로디는 언제나 명령조였다. 심지어 말도 없이 나를 재특회 시위대의 카메라 옆으로 몰아붙일 때도 있었다. 무척 거만하다고 생각했지만 오해였다. 나중에야 그 이유를 밝혔다. 자신의 사진은 오토코구미

2015년 서울 시청 앞에서 열린 '2015 퀴어문화축제'의 현장에 있는 로디. 2015 퀴어문화축제에는 동성애를 향한 헤이트 스피치를 하는 동성애 혐오 시위가 열리기도 했다.

를 보호하는 역할을 해야 한다는 것이다.

"일반 매스컴 카메라맨이 오지 않잖아. 경찰은 오히려 카운터스를 불법적으로 진압하고 있어. 오토코구미는 몸으로 부딪히니까 경찰 제지도 가장 많이 받아. 그런데 재특회에서는 전담 카메라맨이 붙어서 오토코구미를 다 찍거든. 그걸 가지고 경찰에 폭행당했다고 신고하는 거지."

로디의 사진은 현장을 객관적으로 '기록'하기도 하지만, 또한 경찰의 채증 카메라에 잡힌 오토코구미 단원들의 누명을 벗겨주는 '증거'가 되기도 했다. 기모토가 재특회 회원들에게 폭행을 당하고도 가해자 혐의로 경찰서에 갔을 때 동행한 사람도 사진작가 로디였다. 나도 로디처럼 카메라를 통해 오토코구미의 대변자가 되기도 하고 경찰에 증거를 제공하기도 했다. 나와 로디는 재특회의 카메라 앵글에서 의도적으로 빗겨난 재특회 시위대의 불법 폭력을 증언하는 역할을 맡아야 했다.

통역사 유스케

"저는 겁쟁이예요. 어려서부터 덩치는 컸는데 울보였어요. 동료가 갑자기 체포당하는 건 진짜 이해할 수 없는 일이에요. 저는 어른스러운 편인데, 나도 저렇게 되는 게 아닐지 스트레스를 받아요."

40대 오토코구미 단원의 입에서 흘러나온 유창한 한국말에 나도 모르게 긴장했다. 일본인이지만 한국에서 살면서 인터넷 관련 일을 했다는 유스케는 한국어뿐 아니라 중국어와 영어 실력도 출중해 오토코구미의 대표 통역사였다. 재특회 시위가 있으면 한국 관광객들에게 험한 시위가 있으니 조심하라고 알려줬다. 또한, 트위터나 페이스북 등을 통해 관련 내용을 리트윗해달라고 부탁하기도 했다.

유스케는 한국을 떠난 지 꽤 오래된 내가 잘 알지 못하는 한국의 인터넷 상황도 빠삭하게 꿰고 있는 정보통이다. 자칭 겁쟁이인 유스케를 몸으로 부딪히는 오토코구미로 끌어들인 사람은 다카하시였다. 술자리에서 이야기를 나누다 갑자기 다카하시에게 "유스케, 넌 오늘부터 오토코구미야!"라는 선언을 들었다고 했다.

"아마 유난히 눈에 띄는 덩치 때문이 아닐까요?"

오토코구미로 영입된 이유를 유스케는 제 외모 때문이라고 짐작했다. 다카하시가 험악한 생김새하고 다르게 단원들의 의견을 잘 들어주고 오토코구미의 운영 방식도 반대와 제안에 열린 구조라는 점 때문에 주저하지 않고 오토코구미에 합류했다고 했다. 물론 처음에는 조금 망설였다고 했다. 자신은 다른 오토코구미와 다르기 때문이라는 것이다.

"뭐가 다르다는 건가요?"

의아해하는 나에게 유스케는 뜻밖의 말을 털어놓았다.

"오토코구미는 재일 한국인을 대신해 시위 현장에 나서는 거지만, 난 내가 차별받지 않기 위해서 시위 현장에 나서는 거예요. 아마 이런 걸 알면 실망할 거예요."

그 말에 의구심은 더 깊어졌다. 오토코구미 단원들 모두 재일 한국인에 대한 차별을 자기 일처럼 아파하고 있지 않은가? 다들 누군가를 보호하는 영웅이 아니라 헤이트 스피치가 허용되는 일본의 미래를 걱정해서 나서고 있는데? 그런 생각이 깊어질 때쯤 유스케가 입을 열었다.

"나는 성소수자예요. 재일 한국인 다음은 나 같은 동성애자가 혐오 발언의 표적이 되겠죠."

나는 다카하시가 간파한 게 무엇인지 알아차릴 수 있었다. 유스케는 누구보다 차별에 민감했고 또 차별에 분노했다. 유스케는 한국에서 살 때, 일본에서 접하지 못한 동성애 혐오 발언에 충격을 받은 경험이 있었다.

"둔기로 머리를 맞은 듯한 기분이었어요. 교인들이 플래카드를 들고 모여서 '동성애자 매춘부는 나가라!'라고 외치고 있더라고요. 그때 제가 받은 충격을, 어쩌면 더 심한 충격을 헤이트 스피치를 본 재일 한국인들이 느끼고 있겠다고 바로 상상할 수 있었어요."

유스케에게 소수자에 대한 차별과 혐오 발언은 피부로 바로 느껴지는 자기 일이었다. 그런 유스케에게 어떤 종류의 차별도 용납하지 않겠다는 오토코구미는 자기 자신을 지켜주는 보호막이나 다름없었다. 러시아에서 안티 게이법을 정했을 때, 대사관 앞에서 항의하겠다는 유스케하고 기꺼이 함께하겠다고 한 사람도 다카하시였다.

윤리 교사 와타나베

카운터스의 여러 부대 중 오시라세 부대로 시위 현장에 나타나는 와나타베는 대학생과 청소년을 대상으로 한 교육 활동에도 열심히 참여하는 사람이다. 도대체 어떻게 시간을 나눠쓰는지 가늠이 안 될 정도로 일본 전국을 다니며 강의를 하는데도 카운터스 활동에도 열성이다. 와타나베는 전 야쿠자로 중학생 때 이후 책을 펼친 적이 없다는 다카하시에게 인터넷에 떠도는 게 아닌 진짜 역사를 가르친 선생이다. 또한, 오토코구미의 열성 팬이기도 하다. 전 야쿠자를 옹호하는 윤리 교사라니 어쩐지 말이 안 되는 것처럼 느껴질 수도 있다. 하지만 와타나베는 오토코구미가 냉담한 사람들의 열정까지 북돋워 카운터스 활동에 참가하게 했다고 진단한다.

"냉소적으로 보이는 사람 중에도 시위에 참가하고 싶은 사람이 많을 거예요. 자신이 옳다고 생각하는 일을 하는 게 멋있다고 생각하죠. 분명하게 이상한 일이 일어나고 있는데 그 일에는 눈감고 따뜻한 방에 있는 것보다는 그 일이 이상하다고 용감하게 말하는 게 멋있지 않나요? 그리고 동지도 있고요. 오토코구미는 현장에서 사람들에게 그걸 가르쳐줬어요."

와타나베의 강의 방식도 오토코구미를 본떠 더 과감해졌다. 일본 학생들에게 치마와 저고리로 된 조선학교의 교복 입기 체험을 제안한 것이다. 실험을 시행한 곳은 재특회 등의 시위가 격렬하지 않은 좌파 정치 성향이 강한 지역이었다. 교복만 바꿔 입었을 뿐이었다. 그런데도 아이들은 움츠러들었다며 당시 상황을 설명했다.

"치마와 저고리를 입고 돌아다녀 보니 보는 눈이 달라지더라는 거예요. 슬쩍 시선을 피하거나 당황하더래요. 그런 차별도 얼마나 무서운 것인지 겪어보니까 헤이트 스피치라는 건 정말 해서는 안 될 일이라고 생각한 거죠."

재일 한국인 단원들

오토코구미 단원 중에 재일 한국인이 누군지 알게 되기까지는 꽤 오랜 시간이 걸렸다. 수가 틀리면 "국적을 대라."라고 호통을 치는 재특회라면 모를까, 평소에 살면서 주위 사람에게 "어느 나라 사람이냐?"라고 물을 이유가 없기 때문이다. 예사로운 이야기를 나누다, "나 재일 한국인인데?"라는 말이 나와서 국적을 알게 되는 경우가 있었다. 일본에는 이미 재일 한국인이 6세대까지 나온 상황이었다. 재특회에 맞서는 재일 한국인들의 심정은 어떤 것일까? 여기서 그 사람들을 소개할 때 가명을 쓸 수밖에 없는 점을 이해해주기 바란다.

재일 한국인 4세 기무라

오토코구미와 다른 카운터스가 다른 점은 오토코구미는 재특회 시위가 열리는 곳이면 일본 어디든 '원정'도 불사한다는 것이다. 재일 한국인의 4분의 1가량이 사는 오사카에는 도쿄의 신오쿠보 못지않게 재특회 시위가 잦았다. 그날은 이웃 도시 나고야까지 재특회 시위가 예고돼있다고 했다.

"대규모 시위는 아닐 것 같습니다. 하지만 몇 명이 되든 오토코구미 오사카 지부는 현장에 나갑니다."

오사카에 사는 기무라의 메시지에 도쿄의 오토코구미 단원들도 들썩였다. "저도 가겠습니다."라는 메시지가 단체 채팅방에 쉴 새 없이 떴다. 무척 비장하고 감동적인 장면일 것 같지만, 이어지는 메시지에는 오토코구미 단원들의 생활고가 줄줄이 드러났다.

"혹시 못 가시게 되면 신칸센 기차표를 저한테 양도해주세요. 부탁합니다."

"운전해서 가실 분은 없나요?"

주로 차편을 마련하지 못해 동동거리는 내용이었다. 나고야에 도착한 날, 신칸센에서 내린 다카하시도 투덜거렸다.

"신칸센, 정말 비싸네. 이렇게 돈 들이고 왔으니 재특회 녀석들을 제대로 막아보자고!"

오토코구미 단원들 10여 명은 봄꽃이 채 지지 않은 나고야 공원에 모여 있었다. 재특회의 시위가 예고된 시간보다 한참 앞선 때였다. 재특회 시위대는 보통 공원에 모여 연설을 한 뒤 거리 행진을 하는데, 나고야에 온 오토코구미의 목표는 시위대가 거리로 나가는 일 자체를 봉쇄하는 것이었다. 시위대하고 대립하기 전에 더 긴장감이 맴돌 수밖에 없었다. 오사카에서 나고야로 원정 온 오토코구미 회원들은 공원 주변을 둘러보며 동선을 짰다. 나는 신입 오토코구미 단원으로서 단체 채팅방이 아닌 오프라인에서 인사도 할 겸 인터뷰를 하기 위해 카메라를 들고 다가갔다. 오사카 단원들은 인터뷰 대상자로 오사카 지부장을 떠밀었다. 나고야 원정을 알린 기무라였다. 그런데 기무라가 처음으로 한 말은 뜻밖이었다.

"저는 재일 한국인 4세입니다. 할아버지와 할머니가 한국에서 왔다는 이유로 일본에서 태어난 우리 부모님이 왜 이런 욕을 들어야 하는지 알 수 없습니다. 너무 화가 납니다. 전 재특회와 맞서기 위해 어디든지 갈 겁니다."

"아, 재일 한국인인가요? 저도 한국 사람입니다."

나도 모르게 한국말이 튀어나왔다.

"헤이트 스피치를 막는…."

하지만 기무라는 미안하다는 듯이 질문을 막고 빠른 일본어로 말을 이어갔다.

"저는 한국말을 하지 못합니다. 오해하지 말아줬으면 좋겠어요."

기무라는 조선학교가 아닌 일본학교에서 일본인들과 함께 교육을 받아왔다. 재일 한국인 4~5세쯤 되면 흔한 경우였다. 넷우익의 공격을 받기 전에는 자신이 일본인과 다르지 않다고 생각하고 살아왔다고 했다.

"사실 재특회의 헤이트 스피치가 특별히 나를 향한 것이라는 충격은 받지 않아요. 부모님은 정말 공포에 질리셨지만, 전 오히려 분노가 차오르더군요. 일본에는 다양한 외국인이 함께 살고 있어요. 재일 한국인뿐 아니라 차별받는 외국인 노동자도 있죠. 그런 차별은 용서할 수 없어요."

일본 무사처럼 결연한 표정을 지은 기무라하고 이야기를 나눌 시간은 많지 않았다. 곧 수십 명의 재특회 시위대가 공원을 채우고 익숙하지만 결코 무뎌질 수 없는 그 혐오 발언들을 쏘아대기 시작했기 때문이다. 기무라가 이끄는 오사카팀은 가장 격렬하게 시위대에 맞섰다.

'덩치' 직수

엄청난 체구를 보고 다카하시가 야쿠자 시절의 부하를 영입한 거라고 지레짐작했다. 하지만 직수는 평범한 회사원이고, 재일 한국인이다. 일본식 통명이 아니라 한국 이름을 쓰기 때문에 오토코구미 단원 모두 직수가 재일 한국인이라는 걸 알고 있다. 그러나 재특회 시위대 앞에서는 직수의 이름을 절대로 발설해서는 안 된다. 그렇다고 거짓말을 하는 것도 아니었다. 툭하면 "진짜 국적을 대라, 이 조선놈아!"라고 소리를 질러대는 재특회 앞에서 직수는 항상 당당하게 "조선인이면 어쩔 건데?"라고 맞받아친다. 핏대가 솟은 직수의 성난 얼굴을 보고 시위대는 주춤거리며 뒤로 물러난다.

"할 말 있으면 하라고. 왜 욕설을 해대는지 알기나 하자고!"

시위대는 줄행랑을 칠 준비를 한다. 직수는 물러서지 않고 뒤를 따라가며 소리를 지른다.

"너희도 지금 모르는 거 아니냐. 무슨 근거로 조센징이라고 욕하는지 말해봐. 뭘 잘못했는지 말해봐."

그런데도 직수는 자신이 재일 한국인이라는 걸 대놓고 말한 적은 없다. 그럴 만한 나름의 이유가 있었다.

"재특회 시위대가 내가 재일 한국인이라는 걸 알면 또 그럴 거 아니에요. (카운터스는 다 재일 한국인이라는) 자기네 주장이 맞다고 말이에요. 오토코구미에 재일 한국인은 다섯 손가락 안입니다. 그런데 그런 말을 듣고 싶진 않아요."

"재일 한국인이 나서면 어때서? 그냥 당하고 있으면 더 얕볼 거 아니야?"

이 문제는 오랫동안 나를 괴롭히던 문제이기도 했다. 왜 재일 한국인은 카운터스나 오토코구미처럼 당당히 맞서지 않을까? 왜 일본인들끼리 대리전을 치르게 할까? 오토코구미 활동을 하면서 나는 이런 질문을 품고 있었다.

"나도 싸움이라면 지지 않아요. 혼자서 네 명까지는 너끈합니다. 밥 먹으러 갔다가 남자 네 명이 말도 안 되는 걸 갖다 달라고 아르바이트생을 괴롭히는 걸 보고 '묵사발'을 만들어준 적도 있는데요. 그런데 우린 일본에서 소수자예요. 재일 한국인 대 일본인으로 싸운다는 걸 보여줄 순 없어요."

순간 머리를 맞은 듯한 느낌이었다. 헤이트 스피치에 맞서는 일이 차별에 항의하는 게 아니라 일본인과 재일 한국인의 싸움으로 번진다면 여론이 어떤 방향으로 흐를지 짐작도 가지 않았다. 직수는 오토코구미에는 다카하시 같은 '쌈짱'이 많아 자신의 실력을 발휘할 기회가 없다며 아쉬워했다. 나는 오토코구미가 해산한 뒤에도 평화 시위 현장에서 종종 직수와 마주쳤다. 직수는 큰 덩치를 이용해 어린 학생 시위대를 보호하고 있었다.

오토코구미의 팬

노리코에네트 대표 신숙옥

오토코구미에 입단한 뒤 그날처럼 편안한 식사를 즐겨본 적은 없었다. 전망 좋은 베란다에선 바비큐가 한창이었다.

그날 다카하시가 우리를 소집한 까닭은 지인 신숙옥 씨 집에 베란다 공사를 마무리할 힘 좋은 인부가 필요해서였다. 신숙옥 씨가 일본내 소수자들을 위한 쉼터를 만드는데, 아직 베란다 공사를 마무리하지 못했다는 소식을 듣고 나섰다고 했다. 몸 쓰는 데는 이력이 난 장정 몇이 달려드니 베란다 바닥 공사는 몇 시간 만에 끝났다. 그리고 저녁 식사를 즐길 짬이 난 것이다. 알고 보니 벌써 스무 명이 넘는 오토코구미 단원들이 무료 인부 노릇을 해왔다고 했다. 숙옥 씨의 감사와 감탄이 이어졌다.

"소수자 쉼터를 짓는 일은 다른 사람들한테 크게 내비칠 수 없는 일이에요. 이런 곳에서 오토코구미들이 땀을 흘리고 있어요. 의리와 인정이 있는 거예요."

인재육성컨설팅 업체를 운영하는 사업가 신숙옥 씨는 재일 한국인 3세로 유명인이었다. 2000년 일본의 극우 정치인 이시하라 신타로의 퇴진 운동을 맹렬히 벌였기 때문이다. 당시 TV 토론의 단골 출연자로 일본 우익 논객에 대해 공격적인 주장을 펼치는 '투사'로 각인돼 있다. 하지만 일본인들한테서 재일 한국인 '좌익'의 공격이라는 반박을 피할 수는 없었다. 일본 우익 인사가 홈페이지를 통해 신숙옥 씨의 신상 정보를 끊임없이 공개하는 등 공격이 이어졌다. 재일 한국인 '투사'인 신숙옥 씨가 재특회의 위험성을 누구보다 빨리 감지한 것은 당연한 일이었다. 하지만 자신이 감당할 수 있을지, 자신의 활동이 재일 한국인에게 도움이 될지 주저했다고 했다. 그런 말을 하면서 놀랍게도 투사 신숙옥 씨의 눈시울이 붉어졌다.

"2007년과 2008년 처음 혼자서 주위에 재특회에 맞서야 한다고 이야기를 했는데 다들 반대했어요. 재일 한국인 당사자인 제가 나서면 더 심해질 거라는 생각이 들어 계속 망설였어요. 하지만 오토코구미를 보면서 반성했죠. 카운터스와 오토코구미가 나와서 전 정말 눈물이 났어요. 좌익과 우익 이런 거 말고요. 단순하게 그런 행동 자체가 나쁜 거라고 솔직히 말할 수 있는 거요. 그게 중요하죠. 고맙다고 이야기하고 싶었어요."

신숙옥 씨는 혐한 시위가 한창이던 2013년 9월 도쿄 신오쿠보에서 인터넷 방송국 '노리코에네트(のりこえねっと)'를 만들었다. 재일 한국인만 참여한 방송국이 아니었다. 무라야마 도미이치(村山富市) 전 총리, 와다 하루키(和田春樹) 도쿄대학교 명예교수, 우쓰노미야 겐지(宇都宮健兒) 전 일본변호사연합회 회장 등 내로라하는 일본의 지식인 21명이 공동대표로 참여했다. 노리코에네트는 '극복하고 넘어서다'는 의미의 이름이다. 그런데 노리코에네트의 방송에 의외의 사람이 초대됐다. 바로 2013년 10월에 결성된 오토코구미의 대장 다카하시였다.

다카하시가 신숙옥 씨를 놀리듯 장난스럽게 물었다.

"나도 놀랐어. 노리코에네트를 개설할 때 왜 오토코구미를 불렀을까? 혐한 시위 반대 운동은 좀 깨끗한 단체, 그러니까 도덕적으로 완전무결한 단체랑 해야 하는 거 아닌가?"

그 말에 신숙옥 씨는 지체하지 않고 대답했다.

"카운터스와 오코코구미의 대장 다카하시가 다들 열심히 청소해줘서 저희도 이렇게 나오게 된 거니까요. 오토코구미는 사회의 편견에 정면으로 부딪쳤어요. 그리고 현장에서 새로운 싸움 방법을 개발하고 공유했죠. 그 방식이 너무 유쾌해요! 학력이 짧은 사람도 함께 운동하

일본에서 소수자 쉼터를 만든 재일 한국인 3세 신숙옥 씨.

며 공존하는 방법을 구체적으로 실천하고 있어요. 제가 다카하시 팬이에요."

재특회를 상대로 소송을 제기한 리신혜

남자들이 우글대는 오토코구미의 감탄을 독차지하는 여성이 있다. 오사카 출신의 리신혜 씨다. '기모노 천으로 된 한복'을 자주 입고 나타나는 리신혜 씨는 어느 카운터스 모임에도 속해 있지 않지만, 재특회 시위가 있는 곳에는 카운터스와 함께했다. 오토코구미 단원 중에서는 야스다 기자와 동행하는 일이 잦았다. 신혜 씨도 작가 겸 기자로 활동하고 있기 때문이다. 재특회에 관한 기사로 유명한 것은 물론, "(조선인은) 돌아가라!"라는 재특회의 구호에 맞서 "XX야, 여기가 내 집이다!"라고 받아치는 '박력'으로 더 유명하기도 하다.

그러나 눈에 띄기 때문에 더 재특회의 표적이 되기도 했다. 재특회는 거리 선전에서 리신혜 씨의 이름이 구호로 외쳐지기도 했다. 보통 사람이라면 충분히 움츠러들었을 상황에서 리신혜 씨는 다른 선택을 했다. 2014년 8월, 리신혜 씨는 오토코구미 개인으로는 처음으로 재특회 회장 등을 상대로 손해배상 소송을 제기했다. 오토코구미를 포함한 카운터스는 모금 운동을 진행 중이다. 2015년 11월, "나는 내가 태어나고 자란 일본을 믿습니다."라는 말로 2차 공판 진술을 끝맺은 리신혜 씨가 오토코구미와 함께 파티에 참가했다. 법정 투쟁을 위한 기금을 마련하려고 준비한 행사였다. 과연 일본의 법원은 재일 한국인을 대표해 힘든 싸움을 시작한 리신혜 씨의 믿음에 화답할까?

오토코구미의 지원군

변호사 감바라

감바라 변호사는 현재 '차별혐오 발언금지 법안'을 만들기 위해 동분서주하고 있다. 재특회의 헤이트 스피치 시위를 가장 효과적으로 막으려면 법 조항이 필요하다는 것은 부인할 수 없다. 관성적인 법조계의 특성상 오랜 시간이 걸리는 긴 싸움이 될 것이라는 점도 각오하고 있다고 했다. 가장 마음에 걸리는 일은 그동안 재특회의 활동을 방치할 수 없다는 점이다. ¹ 감바라 변호사가 오토코구미에 끌린 것도 그 점이다. 지식인들이 책상에서 갑론을박하는 동안 전 야쿠자가 이끄는 조직이 행동으로 이슈를 만들어버린 것이다.

"시위 현장에서 느낀 게 분노였거든요. 그런데 제 안에는 여러 가지 의문이 있었죠. 폭력을 폭력으로 대항하는 게 맞는 일인가? 어떻게 법을 만들 수 있을까? 그런데 오토코구미는 지금 당장 이걸 멈춰야 한다, 일단 이 헤이트 스피치를 막아야 한다는 생각으로 움직였죠. 그건 옳은 판단이었어요."

감바라 변호사는 홀로코스트를 연구한 심리학자 고든 올포트가 제시한 증오 범죄를 나누는 단계를 예로 들었다. 올포트에 따르면 증오 범죄는 1단계는 부정적인 발언, 2단계는 회피, 3단계는 차별, 4단계는 물리적 공격을 감행하는 수준으로 나아간다고 했다. 그리고 5단계에 이르면 몰살과 학살을 주장한다는 것이다. 도쿄 신오쿠보와 오사카 쓰루하시의 헤이트 스피치는 이 단계에서 위험 수위에 도달했다고 했다.

"쓰루하시나 신오쿠보에서는 단순히 구호뿐만 아니라 신체적인 공

차별철폐법 제정을 위해 노력하는 변호사 감바라.

격도 있었죠. '산보'라는 행동이오."

즉시 막아설 수밖에 없는 긴급 상황이었다는 점에서 다카하시와 생각이 비슷했다. 어떤 매체에서도 심각하게 다루지 않았던 헤이트 스피치 시위는 오토코구미가 경찰에 체포되면서야 주목을 받았다. 그 덕분에 2013년에는 헤이트 스피치가 유행어까지 됐다. 시위 현장과 법정에서 오토코구미의 변호를 도맡았던 감바라 변호사는 재특회의 시위가 사라지지 않는 한, 재특회와 카운터스의 몸싸움도 사라질 수 없다고 못 박았다.

"혹시 (재특회와 카운터스가) 다 같은 놈들이라고 생각이 들면 제대로 법 규정으로 판단하면 돼요. 헤이트 스피치가 없어진다면 카운터스 운동도 지금 형식에서 변할 수도 있으니까요. 규정이 없는 상황이라면 지금과 같은 형식으로 대항할 수밖에 할 수 없다고 생각합니다. 이건 시민 불복종이에요."

욕설과 광기가 가득한 혐한 시위는 2010년부터 2014년까지 나흘에 한 번꼴로 이어졌다. 그 정점인 2013년, 제대로 된 전략도 없이 몸으로 맞섰던 오토코구미는 이제 어떤 평가를 받게 될까?

5°

행동주의자의
총력전

'픽션'과 '논픽션'의 경계

오토코구미 단원들 사이에는 비밀 암호같이 쓰이는 말이 있다. "이것은 픽션이지만"이라는 말이다. 술자리에서는 물론 단체 채팅방에도 이 말은 자주 흘러나왔다. 처음에는 나도 알아듣지 못했다. 이를테면 시위 현장에서 돌아와 다카하시가 하는 말은 이런 식이었다.

"물론 픽션이지만 말이야, 오늘 ○○이가 길가에 있는 애들한테 막욕을 하고 밀치더라고. 시위가 끝난 다음에 무리에서 떨어져 나온 걸보고 경찰 몰래 따라가서 똑같이 해줬어. 벽에다 몇 번 집어 던졌지. 다시 한 번 말하지만 진짜 픽션이야. 카메라도 없더라고. 그러다가 저멀리서 경찰이 오는 게 보여서 일단 손짓을 했지. 신고하면 너도 죽는다. 경찰이 무슨 일이냐고 묻더라고. 그래서 그냥 이 사람이 넘어졌다고 했더니 ○○도 자기가 넘어졌다고 했어. 자기가 아이한테 한 짓이 밝혀질까 봐 겁이 났는지 폭행 신고도 못 하더라고."

다카하시의 말 한 마디 한 마디에 단원들은 손뼉을 치고 통쾌한 듯 발을 굴렀다. 픽션이라면서 이상하게 다들 좋아한다고 생각하던 나는 황급하게 녹화 버튼을 껐다. ○○는 오토코구미가 주목하던 악질 재특회 간부였고, 다카하시가 말한 내용이 너무 구체적이었다. 이건 실제로 일어난 일이라는 판단이 그제야 들었다. 녹화를 했다가는 오토코구미에 불리한 증거로 사용될 수 있었다.

"무슨 말인가요? 그렇게 하려고 했다는 건가요? 아님 그랬다는 건가요? 이거 경찰이 알면 체포될 사안입니다."

내 다급한 질문에 다카하시는 느긋했다.

"괜찮아, 픽션이라니까 그러네."

나중에야 "픽션인데 말이야."라는 말을 이해할 수 있었다. 이건 오토코구미에 불리한 증거를 남기지 않기 위해 정보를 나눌 때마다 덧붙이는 말이었다. 경찰이 잡아내지 못한 폭력에 대한 에피소드들이 '픽션'이라는 말머리를 단 채 공유되는 것이다. 결국은 가장 적나라한 논픽션인 셈이다. 노파심에 밝혀두지만 심한 정도의 폭력은 아니다. 시위대를 제지하기 위해 잡아끌거나 실랑이를 벌이는 정도가 가장 많다.

"자, 이것도 픽션이야. 재특회 회원한테 먼저 맞아서 반격했다고 판결이 나온 사건이지만, 내가 좀 더 때린 거 맞아. 주변에서 큰일 난다고 말릴 정도였어."

다카하시와 같이 오토코구미를 만든 유지로는 비폭력주의자이다. 그런 유지로는 오토코구미의 폭력에 관해 이렇게 말했다.

"헤이트 스피치도 폭력이지 않나요? 그런 폭력을 막으려는 건 방어죠."

그리고 다른 방법을 제시한다.

"저희 쪽만 잡히면 안 되죠. 재특회 회원들도 폭력을 많이 쓰는데 말이에요. 전 그냥 제가 맞고 그 폭행죄로 상대방이 체포되게 할래요. 때린 사람에게 타격을 주는 게 더 나은 것 같아요."

유지로의 방법에 찬성하는 단원들도 많다. 실제로 시위대를 자극해 폭행을 유도하기도 한다. 물론 이 방법 역시 "픽션이지만"이란 말머리를 달고 공유된다.

"확성기를 던진 시위대 녀석 있잖아요. 사실 그때 빗나가서 살짝 스쳤어요. 그런데 맞은 척하고 경찰에 신고한 거지."

이런 고백도 마찬가지다. 내가 이제부터 말할 오토코구미의 활약상 대부분도 "픽션이지만"이라는 단서를 붙이고 읽어주기 바란다. 오토코구미 단원으로서 시위대를 막기 위한 시트인을 '도로교통법'을 위반한 것으로 처리하고, 아무리 헤이트 스피치라도 '허가증을 받은 합법적 시위'는 무조건 보호해야 한다는 일본 경찰에 대항하기 위해서다. 다만 여기에서 말하는 사건들 때문에 누군가 병원 진단서를 받을 만큼 심각하게 다친 적은 없다는 사실도 분명히 해둬야겠다.

지하철역 귀가 작전

시위 현장에 가장 먼저 도착하고 가장 늦게 해산하는 사람들은 바로 오토코구미였다. 오토코구미는 시위대가 거리 선전을 시작하기 전부터 시위 현장까지 가는 길의 길목에 잠복하고 있다가 재특회 회원 개개인을 급습했다. 시위 자체를 봉쇄하기 위한 나름의 작전으로 노치가 낸 아이디어였다. 특히 도쿄 신오쿠보로 향하는 지하철역에서 오토코구미 단원들을 피하기란 쉽지 않았다. '설득'이라는 전략은 때때로 우격다짐 또는 물리적 충돌도 포함했다. 오토코구미 단원이 일장기를 망토처럼 두르고 오던 한 청년을 번쩍 들어 다시 지하철 개찰구 안으로 집어넣은 것처럼 말이다. "돌아가."라고 주먹을 들어 보였을 뿐이지만, 청년은 순순히 지하철 계단을 내려갔다.

"저렇게 쉽게 '설득'되는 애도 있는데 말이야."

오토코구미 단원들이 한숨을 내쉬었다.

"'픽션이지만' 지하철 안에 CCTV의 사각지대도 다 알아둬야 해. 저렇게 순순히 물러나지 않는 사람이 더 많거든."

거세게 반항하는 사람들은 일단 그 사각지대로 끌고 갔다가 개찰구 안으로 들여보내고는 했다. 나는 진지하게 '설득'에 어느 정도의 폭력이 포함되는지 물어본 적이 있다. 다카하시는 잠시 생각하더니 말했다.

"사람에 따라 다른데, 어떤 사람들은 내가 다가가서 '시위에 참가하러 온 거 알아.'라고만 말해도 움찔해서 돌아가. 물론 그렇지 않은 사람도 있지. 다른 오토코구미는 모르겠지만, 나는 많이 때린 적도 있어. 뭐, 어디 다칠 정도는 아니었지만, 내가 무서워서라도 다시는 시위에 참가하지 못할 거야."

설득 작전이 항상 성공하는 것은 아니다. 내가 시위를 취재하러 간

지하철역에서 재특회 참가자를 잡아 '설득'하는 오토코구미 단원 기모토.

날, 신오쿠보 지하철역에는 기모토와 직수가 진을 치고 있었다. 새로운 메시지로 연신 단체 채팅방의 알람이 울렸다. 다른 오토코구미 멤버들이 계속 새로운 정보를 보내줬기 때문이다. 그런데 그날은 특급 정보가 올라왔다. 시위허가증을 가지고 가는 재특회 회원을 찾았다는 것이다.

"오늘은 얘만 잡자."

기모토의 눈이 반짝였다.

"시위허가증이 없으면 시위를 허가받았다는 사실을 증명할 길이 없잖아?"

"최근 사진 없어? 아, 전에 시위에서 일장기 들고 있던 사람 말하는 거야?"

바쁘게 전화를 하면서도 눈은 지하철 개찰구에 고정돼 있었다.

"누군지 신원 파악했어요? 이 역으로 올 거라는 건 확실합니까?"

나까지 조바심이 났다.

"트위터를 싹 다 뒤졌는데, 집이 이 노선에 있대. 분명 이 역에서 내리겠지."

두 사람 사이에는 이야기가 무척 빠르게 오갔다.

"어떡해? 걔는 재특회 독종이야. 뭐, 말로 겁먹을 사람이 아닌데? 우리가 먼저 공격해?"

"어디로 끌고 가지?"

그러는 사이, 개찰구에 30대 남자가 보였다. 나도 낯이 익은 얼굴이었다. 매주 시위대에서 마주친 얼굴이었기 때문이다. 직수가 그 남자에게 먼저 다가갔고, 나도 조심스레 그 뒤를 밟았다. 남자도 우리를 알아본 것 같았다. 입구 쪽으로 향하는 발걸음이 빨라졌다. 기모토가 순식간에 가로질러 앞을 가로막았다.

"왜?"

남자의 입이 열리는 순간 나는 기모토가 주먹부터 먼저 날릴 줄 알았다. 하지만 그런 일은 일어나지 않았다.

"나 알잖아. 잠깐 말 좀 해."

기모토는 그렇게 말하면서 주위 사람들이 보지 못하게 남자의 허리띠를 잡았다.

"왜 이래?"

남자는 소리를 지르며 기모토를 옆으로 밀어냈다. 나는 그때 보았다. 기모토와 직수의 '자해 공갈'을 말이다. 왜소한 남자가 살짝 밀쳤을 뿐인데도, 기모토는 중심을 잃은 것처럼 옆으로 나뒹굴었다.

"왜 사람을 때려!"

기다렸다는 듯이 직수가 거세게 항의하며 남자를 붙잡았다.

"경찰서로 갑시다. 이건 폭행이에요."

땅바닥에 나뒹굴던 기모토가 절뚝거리며 남자를 끌고 경찰서로 갔다. 그런데 이날의 활극은 너무 허무하게 끝나버렸다. 경찰서에 가서 조사를 하고 있는 사이 밖에서 재특회 시위대의 확성기 소리가 들려오기 시작했기 때문이다. 그날 시위허가증을 가진 사람은 기모토와 직수가 경찰서로 데리고 온 남자가 아닌 다른 사람이었다.

이런 허사도 종종 있었지만, 지하철역에서 시위대를 기다렸다가 다가가 '설득'하는 전략은 재특회 시위에 참여할 길을 끊어버리는 효과가 꽤 있었다. 오토코구미 단원 중에는 지하철로 귀가하는 시위대를 집까지 미행하는 사람도 종종 있었다. 시위에 참여한 사람이 집에 들어가는 걸 확인한 뒤, 다시 초인종을 눌러 불러내는 것이다. 개인적인 '설득'을 하기 위해서였다.

"정말 소스라치게 놀라더라고. 왜 여기 왔느냐? 내가 합법적인 시위에 참가한 게 뭐가 잘못이냐? 이렇게 막 소리를 지르지만 정작 집에서 나오는 사람은 없어."

그런 사람들은 다시는 재특회 시위에 모습을 드러내지 않는다고 했다.

"스토킹 아닌가요?"

"그러니까 픽션이라고 하잖아."

우익의 배신 전술

일본의 시위를 눈여겨본 적 있다면, 커다란 검은색 혹은 흰색의 자동차를 본 적이 있을 것이다. 차체 전체를 글씨가 뒤덮고 있기도 하고, 일본 국기는 물론 욱일승천기를 달고 도로를 달리기도 한다. 지프를 개조한 것부터 심지어는 버스 크기의 커다란 자동차까지 다양하다.

처음 일본에 도착했을 때만 해도 그 자동차의 정체를 몰랐다. 선거철 외에는 조용한 이 차들이 퍼레이드라도 벌이듯 거리를 가득 메우는 때는 바로 8월 15일이다. 자동차마다 다양한 문구를 문신처럼 덮고 있다. 내가 그동안 일본에 있으면서 본 문구만 몇 개 소개해보겠다.

"신의 나라 대일본은 영원히 불멸한다."

"일본 교직원 노동조합 분쇄."

"공산당 격퇴."

"천황을 존경하고 애국심을 가져라!"

이렇게 일본에는 헤아릴 수가 없을 정도로 다양한 우익 단체가 있다. 이 자동차의 정체는 바로 가이센(街宣, 거리 선전) 우익 차량이다. 가이센 우익 차량의 공통점은 하나다. 자동차에 장착된 확성기를 통해 국가나 쇳소리 섞인 구호를 틀어 순식간에 정적을 흩어놓는다. 가이센 우익 자동차는 재특회의 초기 시위에 여러 차례 등장하기도 했다. 시위대의 뒤나 앞에서 든든한 지원군 노릇을 하면서 재특회는 수많은 단체와 지지자를 가지고 있는 우익의 일원이라는 이미지를 심어줬다.

시위대에 맞서러 나간 어떤 날, 나는 재특회 시위대 뒤로 나타난 가이센 우익 자동차를 보고 긴장했다. 자동차는 검은색에 버스만큼 컸다. 유리창은 코팅을 해서 안을 전혀 들여다볼 수 없었다. 가이센 우익 자동차는 등장하는 것만으로도 위협적이었다. 가뜩이나 수적으로 열세인 카운터스가 한층 더 작아 보였다.

그런데 이번엔 달랐다. 당황한 것은 카운터스가 아니라 재특회 회원들이었다. 가이센 우익 자동차의 확성기를 통해 나온 말은 뜻밖이었다.

"일본 우익은 헤이트 스피치를 옹호하지 않습니다. 일본 우익은 소수자를 괴롭히지 않습니다. 해산하세요. 해산하세요."

해산하라는 말은 카운터스나 오토코구미를 향한 말이 아니었다. 재특회 시위대를 향해 해산하라고 말한 것이다. 재특회 시위대가 웅성거렸다. 재특회 회원들은 대부분 우익 단체에 속해 있다고 한다. 또한, 공식적으로 확인된 바는 없지만 우익 단체로부터 자금을 지원받는다고 알려져 있다. 우익은 헤이트 스피치를 옹호하지 않는다는 말은 그런 재특회의 자부심에 균열을 일으켰다. 항의하는 목소리조차 없었다. 그 정도로 재특회 시위대가 받은 충격이 컸다. 가이센 우익 자동차의 깜짝 등장에 놀라지 않은 사람은 다카하시뿐이었다.

"언제 준비한 건가요? 왜 말해주지 않았습니까?"

내가 빠르게 물었다.

"나도 진짜로 올 줄은 몰랐어. 그냥 항의 몇 번 한 거야. 헤이트 스피치 집회에 오는 가이센 우익 자동차는 뭐냐? 넷우익은 진짜 우익이 아니다. 우익의 수치다."

다카하시는 대수롭지 않은 일처럼 말했지만, 옆에서 지켜본 기모토의 말은 달랐다.

"메일을 수십 통은 보냈을걸. 내가 우익인데 우익인 게 부끄러워지기는 처음이다. 자기가 속한 우익 단체에 압박 전화도 걸었어. 진짜 목숨을 걸었다니까."

카운터스도 재특회 못지않은 충격을 받았다. 사람들 몇몇은 다카하시에게 다가와 엄지를 추켜세워 보였다.

"다카하시 당신 정말 우익 맞아요?"

또 어떤 사람은 다가와 이렇게 묻기도 했다.

"저는 완전히 좌익인데요. 당신과 같이 헤이트 스피치 반대 운동을 하다 보면 우익과 좌익이 무엇인지 다시 생각하게 됩니다. 제가 생각하는 우익은 당신이랑 전혀 달라요. 이 운동에서만큼은 우익과 좌익 나누지 않아도 될 것 같아요."

다카하시는 그 사람에게 손을 내밀어 악수를 청했다.

"사상 이전에 사람이 있죠. 그것만 기억하면 됩니다."

법을 이용하다

재특회의 시위는 합법 시위라 경찰에 호소할 수도 없어서 코리아타운의 한인 상인들은 가슴만 치고 있었다. 손님은 뜸해지고 며칠째 문을 닫은 가게도 몇몇 눈에 띄었다. 시위가 있는 날이라서가 아니었다.

"저기가 여기 터줏대감인데, 거기 주인이 충격을 받고 장사 안 한다면서 가게까지 내놨다고도 해요."

이제는 장사가 되고 안 되고의 문제가 아니라고 했다. 신오쿠보를 짓누르고 있는 헤이트 스피치의 공포는 일상생활에도 스며들었다.

"애들한테 이 근처 지하철에서 절대로 한국말을 하지 말라고 해. 사람 많은 데서 티 내지 말라고 몇 번씩 당부하지. 혹시라도 그 넷우익 애들한테 걸리면 어떡해? 옆에 경찰 있는데도 행패를 부리는데, 애들한텐 무슨 해코지를 할지 어떻게 알아?"

이런 상인들의 호소에 귀를 기울이는 양복 차림의 남자가 있었다. 그 남자의 입에서 세련된 법률 용어가 튀어나왔다.

"진열된 상품을 훼손하는 거요, 그거 명백한 영업방해입니다. 경찰이 처리 안 하면 저한테 오세요. 제가 대신 항의해드릴게요. 제가 계속 이 근처에 있을 겁니다. 사실 헤이트 스피치를 하는 것 자체가 영업방해인데….”

낯이 익은 얼굴이었다. 오토코구미 활동을 하면서 만난 감바라 변호사였다.

사실 감바라 변호사의 첫인상은 좋지 않았다. 법정에서는 미국 법정 영화에서나 나올 법한 날카로운 변론을 펼치지만, 내가 인터뷰를 요청하자 “변호사는 시간이 돈입니다. 아시죠?”라고 딱딱하게 군 적이 있기 때문이다. 그런 사람이 재일 한국인 상인들의 하염없는 넋두리를 듣고 있다니 선거에라도 출마하려나? 이렇게 삐딱하게 생각할 수밖에 없었다.

다가가서 인사를 건네자 감바라 변호사도 곧 나를 알아보았다.

“아~. 다카하시, 저도 매우 좋아합니다. 저도 카운터스 활동을 하고 있거든요. 모두 다카하시처럼 살면 곤란해지겠지만, 행동으로 옮기는 건 아무나 할 수 있는 일이 아니잖아요. 오토코구미 방식이 카운터스 운동에 원동력이 되는 건 틀림없습니다.”

감바라 변호사는 재일 한국인 상인들뿐 아니라 카운터스가 시위대나 경찰과 마찰을 빚을 때도 달려가 법적인 문제를 해결했다.

“신체적인 마찰이 빚어지면 곧장 제가 가야 합니다. 그래야 쌍방이건 일방이건 체포되지 않습니다.”

그날 지켜본 오토코구미와 감바라 변호사의 협동 작전은 눈부셨다. 시위가 시작되자마자 경찰을 향한 날 선 항의가 시작됐다.

“여긴 상업 구역입니다. 이 시위는 영업방해고요. 당장 시위 허가를 취소해야 합니다. 지금 당장 멈추세요!"

물론 경찰은 감바라 변호사의 말에 귀를 기울이지는 않았다.

"다칩니다. 물러서세요. 경찰 기동대에 다가서면 안 됩니다."

감바라 변호사는 결국 한 발짝 뒤로 밀려나면서도 항의를 그치지 않았다. 변호사의 상징 같던 재킷을 벗어 팔에 건 감바라 변호사에게 법정에서 본 냉철한 모습도 사라지고 없었다.

"지금은 소용없다는 걸 알지만, 그래도 항의를 계속해야죠. 재일 한국인들 처지에서 보면 무서울 겁니다. 일본인도 마찬가지입니다. 왜 이런 일이 용납되는지 화가 나고 또 무력감을 느낍니다. 제가 가장 잘 아는 게 법이니까 어떻게든 카운터스를 도우려고 하는데…."

말을 끝내기도 전에 시트인을 시도한 오토코구미 단원이 경찰들 손에 강제로 끌려 나왔다.

"도로교통법이 뭡니까. 지금 차도 지나다니지 않는데?"

감바라 변호사는 소리를 치며 달려들었다. 경찰에 체포되기 직전인 오토코구미 단원을 끄집어내고 경찰에 거세게 항의하는 것은 모두 오토코구미와 감바라 변호사의 역할이었다.

2013년, 신오쿠보에서 거둔 승리

2013년 6월, 도쿄 신오코부의 험한 시위는 극에 달했다. 오토코구미는 주말마다 신오코부로 모여들어야 했다. 나와 함께 전철을 탄 오토코구미 단원은 신오쿠보 역이 가까워져 오자 한숨을 내쉬었다.

"신오쿠보, 진짜 자주 오던 곳인데 말이야. 신주쿠에 들렀다가 여기서 저녁도 먹고 술도 마셨어. 그렇게 즐겁게 놀던 곳인데 이젠 정말 오기 싫어졌어."

그렇게 말할 만도 했다. 우린 이 지역 구석구석에 스며든 트라우마를 공유하고 있었다. 지하철역에서는 재특회 회원들을 미리 막기 위해 잠복해야 했다. 공원에서는 신록이 우거진 걸 즐길 틈도 없이 스크럼을 짜야 했다. 또 재특회가 거리 선전을 하면 몸으로 막아서야 했다. 때로는 고함을 치고 몸싸움도 불사해야 했다.

"저 공원을 보면 저기서 재특회 시위대에 둘러싸여 욕을 듣고 맞은 기억이 나요. 지금 여기가 경찰이랑 붙었던 데 아닌가?"

오토코구미 단원은 쓸쓸한 웃음을 지어 보였다.

6월이 되면서 카운터스의 숫자가 늘어났지만, 그만큼 경찰 기동대의 숫자도 늘어났다. 달라진 것은 없는 듯했다. 재특회는 공원에서 모여 간단하게 집회를 한 뒤 거리로 이동한다. 오토코구미 단원 중 몇 명은 지하철역에서 재특회 회원들이 시위대에 합류하는 걸 막고, 다른 몇 명은 집회 장소에 미리 침투해 있다가 거리 진입을 막는 게 계획이었다. 그러나 쉽지 않았다. 공원 입구를 인간 바리케이드로 둘러싸도 저지선은 계속 뒤로 밀려났다. 허가된 시위이니 경찰이 나서서 길을 터준 탓이었다. 악조건에서도 더 물러날 수 없는 마지막 저지선은 한인 상가가 밀집한 '쇼쿤도리'와 '오쿠보도리'를 잇는 '이케멘도리'였다. 골목에 형성된 상가들이라 시위대가 진입하는 것만으로도 상점의 피해는 막심했다.

하지만 재특회의 시위가 가장 격렬했던 2013년 6월, 카운터스는 경찰과 부딪히는 일을 무릅쓰고 이 저지선을 지켰다. 6월 30일, 카운터스는 재특회 시위대의 10여 배인 2천여 명으로 늘어났다. 이쯤 되면 욕설을 욕설로 대응할 필요도 없었다. 이미 재특회의 헤이트 스피치는 들리지 않았으니까 말이다. 쩌렁쩌렁 울리던 재특회의 확성기 구호는 카운터스의 "돌아가!"라는 맞구호에 묻혀버렸다. 2천명이 한마음으로 외치는 소리는 신오쿠보를 뒤흔들었다. 경찰 기동대가 출동하지 않았다면 재특회 시위는 시작도 하지 못할 만큼 압도적인 숫자였다. 시위대는 카운터스가 서 있는 인도 쪽으로는 고개도 돌리지 못했다. 재특회 시위에 참여한 사람들도 이미 "돌아가!"라는 구호 소리만으로 카운터스의 숫자를 짐작했을 것이다.

그날, 현장에 있던 감바라 변호사도 감탄사를 연달아 내뱉었다.

"카운터스가 이렇게 모일 수 있는 건 정말 놀라운 일입니다. 지금까지 참가하지 않은 사람들이 참여해 일본의 민주주의가 풍족해졌습니다. 카운터스 운동이라고 하는 하나의 스타일이 일본의 민주주의에 들어왔다고 생각합니다."

그날, 재특회 시위대는 한인 상가가 밀집한 오쿠보도리에 진입하지조차 못하고 반대편으로 돌아나가야 했다. 시위대가 뒷모습을 보이는 순간, 2천 명의 사람이 한꺼번에 얼싸안았다. 불과 50여 명의 사람으로 시작한 카운터스가 불과 3개월 만에 2천 명으로 늘어난 것이다. 특히 오토코구미가 등장한 6월 이후, 카운터스의 숫자는 불과 한 주만에 열 배로 늘어나기도 했다. 오토코구미와 재특회의 몸싸움이 전파를 타고 화제가 되면서 카운터스의 수가 늘어나기도 했다. 현장에서 이런 말을 하는 사람들도 있었다.

"오토코구미인가요? 정말 고마워요. 나도 인터넷으로 비난만 하던 사람이었는데, 당신들이 현장에 나올 용기를 줬어요."

신오코부로에서 재특회 시위대를 돌아가게 한 그날은 카운터스에게는 축제였다. 특히 온몸으로 저지선을 막아낸 오토코구미 단원들도 환호성이 내질렀다.

"드디어 몰아냈어!"

"승리!"

다카하시가 오랜만에 몸을 일으켰다.

"오토코구미 한 명 한 명이 각자 자기가 맡고 있는 곳이 최전선이라고 생각해. 그렇게 생각하고 움직인 게 승리의 요인이었지. 우리는 이겼어."

하지만 다카하시는 오랫동안 감동에 젖어있지 않았다. 신오쿠보 밖에서는 카운터스가 많이 모이지 않는 재특회 시위가 계속되고 있었기 때문이다.

경찰을 설득하다

아키하바라는 유명 전자 상가가 밀집한 지역이다. 이곳은 게임 매장과 애니메이션 관련 매장이 많아서 오타쿠들의 성지라고 불린다. 뒷골목에는 한국 언론에도 자주 소개된 메이드 카페가 성업 중이다. 총천연색의 애니메이션과 닮은 이 뒷골목의 오래된 갈색 벽돌 건물에 재특회의 총본부가 있다.

재특회 초기에 아키하바라에서 대규모는 아니지만 거리 선전이 자주 있었다. 당연히 반대하는 사람들과 자주 마찰하기도 했다. 그때는 아직 카운터스라는 말이 생기기도 전이지만, 재특회의 시위에 항의하는 사람들은 분명히 있었다. '당신들의 차별을 반대한다'는 피켓을 들고 서 있던 몇몇 사람들 말이다.

　2015년에도 계속된 재특회의 시위는 여전히 '합법적으로 허가를 받은' 거리 선전이었다. 재특회가 마치 자신들의 것인 것처럼 헤이트 스피치로 거리를 가득 채우더라도 아직은 법적인 제재를 할 수 없는 상황이다. 허가를 받은 거리 선전은 도로를 독점적으로 점거하는 게 합법적으로 가능하기 때문이다. 혐오 발언을 막기 위해서는 이른바 인해전술이 가장 효과적이다. 그건 도쿄 신오쿠보에서 효과를 본 방법이었다. 재특회 거리 선전에 참여하는 사람보다 카운터스의 수가 두 배 정도가 되면서 경찰도 신오쿠보에서 시위를 하는 일을 허가하지 않았다. 경찰로서도 양측 사이의 마찰을 경호하려면 너무 많은 인원이 필요했기 때문이다.

　아키하바라도 마찬가지였다. 재특회 시위대가 언제나 그렇듯 공원에서 사전 집회를 열고 있을 때, 경찰 기동대는 이미 도로를 따라 촘촘히 배치됐다. 그리고 그 물샐 틈 없는 '경찰 띠' 사이로 오토코구미 단원들의 얼굴이 보였다. 다카하시가 등장하자 시위 현장의 공기가 미묘하게 바뀌는 게 느껴졌다. 다카하시를 전담한 사복 경찰이 움직이기 시작했다. 플래카드를 들고 있던 플래카드 부대, 근처에서 서명을 받고 있던 쇼메이 부대의 카운터스가 다카하시에게 다가와 반갑게 인사를 해왔다.

"재특회 시위대는 경찰의 보호를 받잖아요. 시위가 끝난 다음에 지하철역까지 경찰이 에스코트해요. 그런데 카운터스는 누가 보호해주죠? 그런 두려움 때문에 시위에 참가하지 못했던 사람들도 많아요. 그런 사람들이 오토코구미 덕분에 안심하고 많이 합류했어요."

오토코구미는 재특회 회원에 맞서 카운터스의 보디가드 역할도 해왔다. 현장 최전선에 선다는 것은 공격할 뿐만 아니라 후방을 보호한다는 의미도 있었다.

재특회의 경우는 어떨까? 재특회 회원에게는 오토코구미처럼 최전선에서 마찰을 두려워하지 않고 보호해주는 사람들이 없다. 사쿠라이 마코토가 등장할 때만 예외였다. 사쿠라이 마코토는 항상 검은 옷을 입은 경호원들에게 둘러싸여 시위 현장에 나타났다. 사쿠라이 마코토에게 어느 정도 다가오는 낯선 사람이 있으면 경호원들은 수단과 방법을 가리지 않고 막는다. 나도 촬영을 하다가 사쿠라이 마코토의 경호원에게 목이 졸린 경험이 있다. 그렇다고 그 경호원들이 재특회 시위에 참가하는 다른 회원들을 보호해주지는 않았다.

이 재특회 시위대의 '보호'를 맡은 것이 바로 경찰이다. 재특회 시위대보다 많은 수의 경찰이 출동해 인간 띠로 재특회 시위대를 카운터로부터 분리했다. 다카하시를 비롯한 카운터스가 재특회 시위대가 움직이는 걸 방해하지 못하도록 인도와 도로에 경찰 바리케이드를 쳤다. '허가를 받은 합법적인 시위'라는 게 현장에서도 끊임없이 나오는 경찰의 주장이었다. 2013년 신오쿠보보다 수위는 낮아졌지만, 시위 현장에서는 여전히 재일 한국인을 향한 혐오 발언이 난무했다. 이런 상황에 항의하는 카운터스에게 경찰은 대응할 방법이 없다고 오

경찰이 '허가를 받은 합법적인 시위'인 헤이트 스피치를 보호하기 위해 인간 띠를 만들어 카운터스를 막는다.

히려 카운터스를 타이르고 나섰다.

"일본에는 표현의 자유가 있습니다. 경찰이 어떻게 할 수 있는 일이 아닙니다. 지금 영업방해를 하는 것도 아닌데 우리가 막을 방법이 있나요?"

합법과 불법이라는 판단에 갇힌 경찰에게 오토코구미의 치열한 반혐오 시위 행동은 불법이었다. 재특회 시위대와 오토코구미 사이에 마찰이 생기면, '합법적인 시위를 방해한 혐의'가 적용됐다. 시위대 앞을 가로막는 시트인을 하면 곧장 기동대에 의해 끌려 나올 뿐만 아니라, 재특회의 신고에 따라 '도로교통법위반'으로 처벌을 받을 수도 있었다. 결국, 카운터스가 할 수 있는 일은 재특회가 독점한 확성기 구호에 맞춰 목청이 터져라 반대 구호를 외치는 것이었다. 또 아키하바라를 찾은 시민들에게 재특회의 시위가 있다는 사실을 알리고 그 시위에 맞서는 카운터스의 활동을 설명하고 지지자를 모았다. 재특회 시위대는 한 인간으로서 참기 어려운 모욕도 퍼부었다. 그러나 일본 경찰은 그런 모욕을 당하고도 오토코구미가 '가만히 있지 않으면 불법'이라고 했다.

야마타쿠는 경찰의 보호가 재특회 시위대의 규모를 키우고 있다며 한숨을 내쉬었다.

"경찰이 보호해주니까 재특회 회원들이 저렇게 대담한 거예요. 눈이 마주치면 카운터스에게 욕설을 퍼붓죠. 그리고 우발적으로라도 우리랑 부딪히면 자기네 회원들이 찍은 동영상을 확보해서 경찰에 폭력으로 신고하는 거죠. 무섭다기보다는 안쓰러운 마음이 들어요."

문제는 시위가 끝난 다음이었다. 1시간이 넘는 '합법적인' 시위가 끝난 뒤에도 경찰의 보호가 이어졌다. 경찰은 인간 띠를 만들어 지하철 입구까지 재특회 시위대가 들어갈 수 있게 보호했다. 그러는 동안 카운터스는 지하철 역사 안으로 들어갈 수 없었다.

그때는 이미 해산한 단체인 오토코구미의 대장 다카하시는 다시 한 번 분노했다. 오토코구미는 경찰에 물을 뿌렸다는 이유 하나만으로도 경찰에 체포된 적이 있었다. 얼굴에 상처가 난 오토코구미 단원을 치료하려다가 생긴 일이었다.

"정말 뚜껑이 열려 있는 줄 몰랐다니까. 그런데 그거 가지고 경찰을 공격했다고 하더라고."

그 일을 해결한 방법도 다카하시와 오토코구미다웠다.

"그냥 다 도로에 앉아버렸지. 시트인했어. 그래서 결국 다 체포됐고. 우리 모두 유치장에 가도 상관없다는 마음이야."

재특회가 시위대가 '경찰의 보호'를 받으며 귀가한 뒤에도 다카하시는 귀가하지 않았다. 시위대의 확성기 소리와 맞서는 카운터스의 소리가 함께 잦아든 뒤 늘 그렇듯 귀도 정신도 얼얼해져 있는 상태였다. 한참을 말없이 서 있던 다카하시가 갑자기 카메라를 손가락으로 가리키며 물었다.

"시위는 잘 찍었어? 메모리 여분 남았어?"

카메라 촬영을 더 할 수 있느냐고 물었다. 그렇다고 대답하자마자 다카하시는 자기를 따라오라는 신호를 보냈다.

"아키하바라 경찰서로 갈 거야."

다카하시는 재특회의 혐오 발언이 담긴 내 취재 영상을 경찰에게 보여주면서 이런 혐오 시위를 할 수 있게 장소를 허가하면 안 된다고 항의하겠다고 했다. 조금 전에 거리에서 만난 경찰들이 다카하시를 달갑게 맞을 리 없었다. 경찰은 내 카메라에 담긴 재특회 시위도 건성으로 흘깃 본 뒤 또 같은 말을 되풀이했다. 마치 고장난 녹음기를 틀어놓은 것처럼 경찰의 공식 입장은 재특회는 시위를 '허가'받았다는 것이다. 다카하시는 시위를 허가한 경찰서에 직접 항의하는 행동을 취하기로 했다. 부당하다고 생각하는 일에 직접 몸으로 부딪혀 항의한 것이다. 특히 자기가 직접 겪은 경험까지 섞인 다카하시의 항의는 꽉 막힌 경찰에게도 호소력이 있었다. 최근 영업 일을 해서 그런지 항의보다는 설득하는 듯한 음색이었다. 다카하시는 고객에게 물건을 팔듯 경찰에게 자기 생각을 팔려고 하는 것 같았다.

"이 재특회 시위를 제대로 보여주면 다 깜짝 놀랍니다. 이 정도였느냐면서. 재특회가 거리로 나와서 혐오 발언을 외치는 게 공익하고 상관없잖습니까. 오히려 죽여라, 죽여라, 이렇게 말하니까…. 차별로 처벌할 수 없다고 해도 협박죄에는 해당하지 않습니까? 재일 한국인들에 대한 루머를 퍼뜨리고 욕설을 퍼붓는 건 명예훼손 아닌가요? 그런 일은 경찰이 막을 수 있잖아요. 그러니까 시위 장소를 허가해주지 마십시오."

재특회는 시위를 허가해달라고 신청할 때 신청서에 자기의 시위를 "공익 차원의 시위"라고 적었다. 하지만 교토 조선제1초급학교 습격 사건을 재판한 법원은 "재일 한국인을 증오, 멸시하는 중대한 발언은 차별 의식을 세상에 주장하는 의도로 공익 목적은 없다."라는 판결을 냈다. 하지만 어떻게 된 일인지 재특회의 '표현의 자유'는 경찰에 의해 철통같이 보호받고 있었다.

160

"표현의 자유는 무슨…. 그게 협박이지. 헤이트 스피치가 창피한 줄 알아야 해."

짧은 항의를 마치고 경찰서를 나서며 다카하시가 나지막이 내뱉은 말이었다.

오토코구미 체포 사건의 진실

2014년 7월, 한국 언론에 난 스트레이트 기사에 나처럼 가슴 철렁하며 주목한 사람은 별로 없었을 것이다. 국제면에 짤막하게 실린 기사였다.

"'한일 국교 단절 대행진' 시위에 참가하러 가던 우익 단체의 남성이 반대 단체 사람들에게 폭력을 당했다. 반대 단체는 '큰 소리로 위협'하고 '몸을 맞부딪혀 벽으로 밀어붙인 혐의'로 체포됐다."

이쯤 되면 따로 말하지 않아도 이 기사에서 말하는 '우익 단체'가 어디인지 알 것이다. 줄기차게 한일 국교 단절을 주장해온 단체 재특회였다. 재특회 회원이 시위 대열 합류하는 걸 막기 위해 '설득'을 하며 몸싸움도 마다하지 않던 단체는 당연히 오토코구미다.

며칠 전부터 단체 채팅방이 술렁이기는 했다.

"아무리 봐도 경찰 같은데…. 집 앞에 왔다 갔다 하네요."

"아닐걸? 오토코구미 시위 현장에 나간 지도 꽤 됐는데…."

"그러니까 개인적으로 '설득' 갔던 사람 있습니까?"

이런 말들이 마음을 어지럽히던 차에 일본 TV 뉴스 프로그램에 이

'반대 단체' 단원들이 체포되는 장면이 나왔다. 화면 속에서는 낯익은 2층 계단에서 두 남자가 내려오고 있었다. 다카하시의 집이다. 수건을 둘러썼지만 두 남자가 다카하시와 기모토라는 사실을 한눈에 알아볼 수 있었다. 기자의 리포트도 국내 신문과 다를 바 없었다. 내 귀를 잡아챈 것은 오사카 경찰이 벌써 9개월 전의 일을 가지고 도쿄까지 '원정 체포'를 하러 왔다는 사실이었다. 다카하시의 '픽션'을 떠올려 봤지만 생각나는 게 없었다. 오사카에서 자신이 경찰을 피해 주먹을 썼다거나 재특회의 주요 인물을 만났다는 말을 한 기억이 없었다. 오사카 원정을 간 여덟 명이 모두 체포 대상이었다. 나는 급한 마음에 노치에게 전화를 걸었다. 노치도 당황하고 있긴 마찬가지였다.

"알잖아요. 오사카 재특회는 정말 무시무시하다는 거. 뭐 일방적으로 맞을 사람들이 아니야. 다카하시가 우익 단체 사람들하고 마찰이 있기는 했는데 그 사람들은 재특회가 아니었고요. 또 말로 잘 끝냈어. 거긴 카운터스 숫자가 적어서 뭘 할 수도 없었어요."

다카하시가 오사카 재특회에 대해 항상 "벼르고 있다"라고 말한 게 기억났다.

"오사카 지부는 시위라고 할 수도 없어 그냥 개인적인 공격이야. 그것도 꼭 약자들한테…. 젊은 남자애들이 할머니를 쫓아다니면서 계속 욕설을 퍼붓는 동영상 봤어? 얘기 들어보니까 지나가던 어린애들은 그냥 발로 차고 욕한다던데."

재특회뿐만 아니라 오사카 경찰에 대한 비판도 컸다. 도쿄하고는 또 다르게 오사카 경찰은 오토코구미를 비롯한 카운터스 활동에 적의를 표한다고 했다.

The Leader of Otokogumi which protest against hate speech
헤이트 스피치에 항의하는 오토코구미의 대장

Director of Otokogumi, kimoto suspects
본부장 키모토 용의자

다카하시와 기모토가 체포되는 TV뉴스 화면.

"오사카에서는 경찰의 감시가 훨씬 더 엄격했어. 오토코구미도 옴짝달싹 못 하게 하는 거지. 그쪽에서도 오토코구미는 나오라고 직접 말할 정도로 우릴 미워했어. 그래서 오사카 경찰한테 재특회랑 같이 차별 행위에 참여하면 박살을 내겠다고 난리를 치기는 했는데, 모르지. 어떻게 될지."

오토코구미에서 내가 모르는 폭력 행위가 있었던 것일까? 다카하시 대신 변호를 맡은 감바라 변호사가 소식을 전해줬다. 감바라 변호사는 자기가 보기에도 꽤 골치 아픈 상황이라고 했다.

"오사카 경찰이 도쿄까지 온 건 둘째 치고, 이걸 오사카에서 재판하겠다고 합니다. 몇 달이 걸릴지 몰라요. 그건 그냥 오토코구미는 카운터스 활동을 하지 말라는 겁니다. 적극적으로 항의해서 어떻게든 도쿄로 오게 하겠습니다."

그제야 알게 된 사건은 2013년에 일어난 일이었다. 9개월이나 지난 일이니 오토코구미 단원들이 기억하지 못하는 것은 당연했다. 노치가 그제야 의아하다는 듯 말했다.

"별거 아닌데⋯. 지하철역에서 동영상이 찍혀서 인터넷에도 올라왔던 거야. 그때 사건을 왜 이제 끄집어내는 거지?"

나는 조심스럽게 물었다.

"많이 때렸습니까?"

"그랬으면 우리가 인터넷 동영상을 그냥 뒀겠어요? 단체 채팅방에서도 말조심하는 판에. 그냥 서로 밀친 정도예요."

하지만 당시 일본 언론에서 보도한 내용을 보면 사건은 마치 조직폭력배를 소탕한 것처럼 보였다. 여덟 명이나 되는 오토코구미 단원들이 신칸센에서 수갑을 찬 채로 만났다. 거기다 이름은 오토코구미이고, 혐의는 '폭력'인 데다, 오사카 경찰이 도쿄까지 원정을 온 대대적인 사건이었다. 조직 폭력배 소탕 사건으로 보도될 법도 했다.

감바라 변호사의 재빠른 변론으로 며칠 뒤에야 도쿄로 돌아온 다카하시와 오토코구미 단원들도 기가 막혀 했다. 수척해진 얼굴로 다카하시가 입을 열었다.

"1년 가까이 지난 일이니 생각도 못 했어. 출근하려고 일찍 집을 나서는데, 누가 어깨를 치면서 집을 수색하겠다고 오사카 사투리로 말하더라고. 그래서 나는 일이 있으니까 수색하고 있으라고 했더니 체포한다고 하는 거야. 집 앞엔 벌써 기자들이 와 있었어. 거의 폭력배를 체포하는 분위기였어. 어이가 없지."

그런데 아닌 게 아니라 신칸센 열차 여섯 대를 전세 내고 오사카 경찰만 100명 정도가 수사에 참여한 대대적인 수사였다.

"우리가 '여덟 명의 폭력배'로 보이게 하고 싶었나 봐."

한참을 맥없이 앉아있던 다카하시가 갑자기 웃음을 터트렸다.

"그런데 우리가 검사 앞에서도 진짜 오토코구미답게 굴지 않았겠어?"

기모토도 키득거리기 시작했다. 중년 남자들의 웃음은 발작처럼 그칠 줄 몰랐다.

"재판을 앞두고 웃음이 나옵니까? 오사카에서 안 할 뿐이에요. 그동안 몸 좀 사려야 한다고요."

내가 정색을 하고 던진 말에도 다카하시의 웃음은 그칠 줄 몰랐다.

"우리가 검사 앞에 가서 우리가 하는 일은 헤이트 스피치를 멈추려는 일이라고 했어. 그런 일을 하는 와중에 우발적으로 신체접촉을 한 거라고. 오사카 경찰이 100명이나 와서 그 난리를 쳤는데, 막상 검사가 뭐라고 하는 줄 알아?"

기모토가 짐짓 검사의 말투를 흉내 내며 말을 이어갔다.

"당신들이 한 일은 옳은 일이네요. 앞으로도 열심히 하세요. 다만 폭력은 안 됩니다."

창단 초기부터 오토코구미가 형제처럼 끈끈해진 것은 잦았던 '옥살이 수발'도 한몫했다. 오토코구미 단원들끼리 당번을 정해 돌아가면서 수감된 단원을 면회하러 갔다. 시위 현장에 나가지 못하는 것은 아쉬워했지만, 오토코구미는 체포될 때마다 '경찰 교육 시간'을 가진다고 선포하고는 했다.

"경찰이 물어. 오토코구미가 뭐냐? 왜 이런 일을 하는 거냐? 좌익이냐? 그럼 설명하는 거야. 지금 우익, 좌익, 재특회가 싸우는 게 아니다. 헤이트 스피치를 막으려는 거다. 약한 사람들을 이지메하는 것을 경찰이 보호하는 걸 다른 나라 사람들이 보면 어떻게 생각하겠느냐? 인종 차별주의자들인 재특회를 지키는 경찰은 너무 이상하다. 이렇게 얘기하면 경찰들도 고개를 끄덕끄덕하거든."

오토코구미 단원이 체포된 일은 이전에도 여러 차례 있었다. 재특회도 마찬가지였다. 6월 17일 시위 현장에서는 재특회 회장 사쿠라이 마코토를 포함해 여덟 명이 체포되기도 했다. 그런데 경찰의 균형 감각이 묘하다. 시위대에서 4명, 그 시위대를 막아선 오토코구미를 포함해 카운터스에서 4명으로 숫자를 맞춘 것이다. 이후에도 시위 전후까지 커버한 오토코구미 단원이 가장 많이 체포됐다. 경찰이 퍼뜨리려고 한 이미지는 '재특회가 잘못했지만, 그 반대편도 만만치 않게 잘 못됐어'라는 게 아니었을까? 하지만 대중은 오토코구미를 다르게 받아들였다. 며칠 후 만난 다카하시는 뜻밖의 이야기를 꺼냈다.

"오히려 오토코구미를 위해선 잘 된 일이야."

다카하시가 실없는 소리를 한다고 생각했다. 겨우 구한 직장에서도 압박이 들어왔다. 회사에 재특회가 항의 전화, 팩스, 메일을 불티나게 보냈기 때문이다. 비록 감바라 변호사의 도움을 받았지만, 재판에 출석해야 해서 경제적으로 쪼들리기 시작할 때였다. 그러나 사방에서 날아드는 의혹과 비난에도 불구하고 오토코구미 활동에 지원하는 사람들은 다양해졌다. 심지어는 SNS을 이용해 스스로 파리1인지부, 대만1인지부, 한국지부라고 칭하는 온라인 단원들도 생겨났다. 특히 엄격했던 오사카에서 자발적으로 카운터스에 참여하는 사람들이 늘어났다.

"홍보는 제대로 된 거 같지 않아? 뭐 오토코구미 단원으로 들어오지 않더라도 카운터스 활동에 나서는 사람들도 많아진 것 같은데…."

다카하시의 말은 사실이었다. 심지어 넷우익까지 포섭할 수 있었으니 말이다.

스파이를 통해 들여다본 넷우익들

내 주변에 공공연한 넷우익은 재특회 활동을 하다가 다카하시를 만나 전향한 '펭귄(가명)'밖에 없다. 펭귄은 재특회의 내부 조직에 훤

한 만큼 시위에 참여하는 재특회 회원들을 조사하는 스파이 노릇을 톡톡히 하고 있다. 재특회 사이에서 도는 공지와 내부에서 일어나는 일을 알아내 오토코구미에게 알려준다. 펭귄이 알려주는 정보는 이렇다. 재특회 시위대가 카운터스와 만나면 어떻게 진행 방향을 바꿀 것인가? 언제 어디에서 소규모의 거리 선전이 계획돼 있다. IT 전문가인 펭귄은 후지 TV 앞에서 벌인 시위를 주도한 인물 중 한 명이다. 후지 TV 시위는 재특회가 '여론을 환기한 사건'으로 꼽는 일이다. 언제나 예의 바르고 심지어 소심한 것처럼 느껴지기까지 하는 펭귄이 어떻게 대중 앞에 서서 "조선인을 죽여라!"라는 헤이트 스피치를 할 수 있었을까? 나는 조심스럽게 물었다.

"어떻게 넷우익이 된 거지?"

펭귄은 부끄럽다는 듯 손으로 얼굴을 문질렀다.

"적어도 지금 재특회 시위대 같은 욕설은 안 했어. 물론, 한국 방송을 그만 틀라는 얘긴 했지."

펭귄도 다카하시처럼 우익적인 발언은 할 수 있어도 차별적인 발언은 참을 수 없는 심성의 소유자였다. 처음 2채널 페이지를 클릭한 것은 취미생활 때문이었다.

"거기 접속자 수가 많으니까 뉴스를 그대로 복사해서 붙여놓은 글도 많아. 그리고 한국에 관해 부정적인 글만을 올리는 사람들도 많지. 별생각 없이 읽다 보니까 부정적으로 생각하게 된 건 사실이야. 다른 정보는 없었으니까. 지금 생각하면 내가 스스로 다른 것도 찾아보고 해야 했어."

하지만 넷우익이 아닌 일반 시민들을 흥분시킨 것은 재특회의 주장이 아니었다. 한 인기 연예인의 SNS 메시지였다. 연예인은 개인 SNS 계정에 "후지 TV는 한국 TV인가? 한국을 세뇌한다."라고 빈정 거렸다. 이런 비난 발언 때문에 그 연예인이 소속사하고 결별했다는 소식이 알려지자 대중들이 폭발적으로 반응했다.

"한국을 비난했다고 소속사에서 쫓아내? 그러니까 나도 '아, 정말 미디어가 한국에 점령됐구나. 나라가 침략당했구나.'라는 생각이 들 더라고. 그리고 '큰일이다! 후지 TV가 잘못했다!'라는 위기감이 생긴 거야. 그땐 진짜 내가 일본을 구해야 한다는 애국심으로 움직였어. 후지 TV 시위대를 모아보니 시위에 처음 참가하는 사람들이 대부분이 었어."

당시 인터넷에는 한국 드라마가 유난히 많이 방송되는 걸 두고 "방송국이 한국 자본에 포획됐다.", "미디어에 유독 재일 한국인이 많다."라는 말이 떠돌았다. 클릭 몇 번이면 "재일 한국인이 언론계와 공무원 직군에서 우선 채용된다."라는 재특회의 근거 없는 주장에 순식간에 다다르게 된다. 펭귄은 이렇게 말했다.

"그게 '데마'야. 일단 퍼지면 막을 길이 없지."

오토코구미 단원이자 2년여에 걸쳐 넷우익을 취재한 야스다 기자는 넷우익의 심리를 자세하게 알려줬다. 자택 2층에 있는 야스다 기자의 집필실에는 아직도 그 자료들이 쌓여있다. 오토코구미를 포함한 카운터스가 생기기 전, 오사카 쓰루하시를 혐오 발언으로 포위한 2009년부터 모아온 자료였다. 취재 초기, 야스다는 인터넷에 떠도는 험한 말들에 어울리는 '거친' 재특회 회원들을 상상했다고 한다.

"왜 그런 사람들 있잖습니까, 사회 부적응자. 인터넷에 온갖 불만을 털어놓는 사람들이오. 그런데 다 그런 건 아닙니다. 멀쩡히 대학 졸업하고 직장을 다니는 사람도 많습니다. 이 감독님, 주변에도 말은 하지 않지만 있을 수 있습니다."

무리에 있으면 광기 어린 모습을 보여주는 재특회 회원들은 개인적으로 만나면 전혀 다른 모습을 보인다고 한다. 야스다 기자는 한 재특회 여성 회원의 이야기를 들려줬다.

"커다란 귀고리에 잘 손질된 머리, 여느 사무실에서나 볼 수 있는 단정한 모습이죠. 단연 눈에 띄었습니다. 실제로 회사원이라고 하더군요. 정치 문제엔 관심이 없었는데, 재특회 동영상을 보고 위기감을 느꼈다고 했습니다."

야스다는 재특회의 홈페이지에 떴던 동영상을 보여줬다. 동영상 속에 등장한 사쿠라이 마코토는 정면을 응시하며 질문을 하고 있다.

"일본은 누구의 것입니까? 일본인의 것 아닙니까? 지금처럼 중국이나 한국이 하자는 대로 하다간 우리 일본은 식민지가 될 겁니다."

이런 논리의 비약에 속아 넘어갈 수 있을까? 너무 심한 것 아니냐는 생각이 들었다. 야스다의 부연 설명이 필요했다.

"그러니까 적을 설정한 거죠. 열정을 갖고 있는 나라가 있다, 강한 나라가 있다. 중국이 그렇죠. 중국이 아니더라도 상승세의 나라가 있다, 우리가 위협을 받고 있다, 이런 생각을 하는 사람들입니다. 영토 문제와 역사 문제도 엉켜있으니까요. 일본이 일방적으로 휘둘리는 느낌을 일부 일본인들이 받은 겁니다. 피해의식을 자극한 거죠."

넷우익이 성장하면서 재특회 시위대도 서서히 바뀌고 있었다. 처음에는 그저 울분을 토할 데 없는 사람들이 사회적 약자에게 헤이트 스

집필실에서 인터뷰 중인 야스다 기자.

피치를 한다고 생각했다. 그런데 시위대 중 많은 사람이 세상을 바꾸려는 사명감을 가지고 나온다니 충격이었다.

넷우익이라고 모두 공격하지 않는다

오토코구미 단원으로 활동했지만, 재특회 시위대를 개인적으로 만날 기회는 많지 않았다. 시위가 한창일 때는 다큐멘터리 영화에 좋은 앵글을 잡기 위해 뛰어다녀야 했다. 마찰이 일어나면 폭행의 증거 영상도 확보해야 했다. 그런 내게 인상적인 재특회 회원이 있었다.

지하철에서 오토코구미의 기모토와 '귀가 작전'을 벌일 때였다. 나는 카메라도 들고 있고 힘을 쓰는 쪽은 아니기 때문에 재특회 회원을 막을 수 있을지 걱정이 됐다.

'제발 한 명씩 오길….'

이렇게 속으로 바라고 있을 때, 기모토가 갑자기 두 명을 불러 세웠다. 30대쯤으로 보이는 제법 건장한 남자들이었다.

"재특회 시위에 온 거야?"

남자들은 서로 얼굴을 쳐다보며 의아해했다. 우리를 못 알아보는 걸 보니 시위에 자주 참가하는 사람들은 아니었다.

"왜?"

시비조의 대답이 이어졌다.

"뭐 때문에 오는 건데?"

기모토가 갑갑하다는 듯이 물었다. 비록 패션 문신이지만, 멀리서 보기엔 무시무시한 용 문신도 내보이면서 말이다. 하지만 남자들은 물러서지 않았다.

"일본이 위기에 처해있어. 조선인 특권이….."

기모토의 인내심도 바닥을 드러내고 있었다.

"그게 뭔데?"

남자들은 당황한 듯 보였다.

"그러니까 재일 특권 때문에 일본이 망한다면서, 그게 뭔데요?"

남자들은 인터넷에 흘러다니는 선동 문구를 몇 마디 내뱉었다. 얼굴에 홍조까지 띠며 열변을 토해냈다. 막는다고 해서 물러설 기세가 아니었다. 뜻밖에 기모토는 남자들에게서 순순히 물러섰다.

"시위대보다 시위대를 막는 사람들이 더 많다는 사실만 알고 가요."

강한 눈빛은 풀지 않은 상태였지만 주먹 싸움도 불사하던 예전과 달랐다.

"쟤넨 그냥 휘둘리는 애들이야. 우린 진짜를 잡자고."

재일 한국인인 전처가 차별을 받는 걸 옆에서 지켜봐 온 기모토가 재특회 시위대의 거짓말을 간파하고 얄팍한 선동에 코웃음을 치는 걸 넘어 분노를 느낀 것은 당연했다.

"처음에는 그냥 화만 나더라고. 다 죽여버릴까? 이런 생각만 들었어. 그냥 시위대만 봐도 화만 내고 있었던 것 같아."

그런데 지하철에서 시위대 참가자의 시위대의 합류를 막는 '귀가 작전'을 하다가 시위대가 모두 인종 차별주의자는 아니라는 사실을 알았다고 했다.

"왜 이런 집단에서 있는지 자기 자신도 모르는 사람들이야. 인터넷에 쓰여 있는 거짓말을 보고 일본이 위험하다고 생각한 거지. 그게 거짓말인지 아닌지 확인도 안 해봤어. 일본 사회를 지키기 위해 나왔다고 해. 그런데 그 특권이 뭐냐? 왜 재일 한국인이 일본 사회에 문제가 되느냐? 이렇게 물으면 대답도 하지 못해. 가엾은 거지. 진짜 술 한 잔 사주면서 얘기해주고 싶은 사람들이야."

기모토는 만나면 눈도 못 마주치는 그 소심한 사람들을 움직이는 보이지 않는 손이 있다고 했다. 넷우익이 거리로 나섰다고만 생각했지만, 모니터 뒤에 숨어 키보드 워리어라고 치부했던 재특회 회원들이 단순히 현실에 대한 불만을 재일 한국인에게 푸는 것이 아니었다. 오토코구미가 영웅이 아니듯 자기가 만난 재특회 시위대도 개인은 절대로 악당이 아니었다고 했다.

그건 다카하시도 마찬가지였다. 다카하시도 시위 현장에서 기모토와 같은 걸 느꼈다고 한다. 그래서 아무리 재특회 시위대라도 무조건 주먹을 휘두르지는 않는다고 했다.

"일대일로 만나서 얘기하다 보면, 재특회 시위에 참여하는 게 정말 일본을 위한 애국 행동이라고 생각하고 있어. 그게 정의이고, 자신들의 사명이라고 생각하더라고. 그런 사람들은 몇 대 맞는다고 바뀌지 않아."

나는 그동안 다카하시가 무조건 완력으로 재특회 시위대의 수를 줄이고 있다고 생각해왔다. 하지만 재특회 간부들 외에 실제 다카하시에게 폭력을 당한 사람들은 없었다.

"그럼 어떻게 설득해서 돌려보낸 건가요?"

다카하시가 너무나 당연한 걸 묻는다는 듯 대답했다.

"재일 한국인을 쫓아내지 않아서 불만이라면 일본 정부에 항의하라고 했지. 거기서 항의하면 나도 막지 않겠다고 말이야. 독도 문제? '위안부' 피해자 문제? 나도 아직 잘 모르겠는데… 여하튼 한국 정부가 하는 일이나 발언에 불만이 있으면 일본에 한국 대사관도 있잖아. 그 앞에 가서 시위하라고 했어. 나라면 그럴 거라고. 왜 재일 한국인한테 욕을 하는 건데? 그 사람들이 뭘 어떻게 할 수 있는데? 그건 그냥 헤이트 스피치밖에 더 되느냐고. 그랬더니 알겠다고 가던데?"

다카하시는 가끔 무릎을 치게 하는 무학(無學)의 통찰력을 보여주곤 한다. 한일 외교 관계가 불거질 때마다 재특회 거리 선전 인원이 늘어나고 또 격렬해졌다. 그럴 때마다 나도 다카하시의 논리를 빌려보려 한다. '폭력밖에 모르는 바보'라고 자신을 말하는 다카하시의 논리처럼 명쾌하고 정의로운 논리는 들어보지 못했기 때문이다.

재특회의 온라인 확성기를 막다

최신 건물과 100년이 넘는 고풍스러운 상점들이 공존하는 거리에 이질적인 풍경 하나가 추가됐다. 근육질의 남자들이 플래카드를 들고 나선 것이다. 재특회 시위가 예고되지 않은 날, 오토코구미가 모이는 경우는 드물었다. 그것도 다른 곳도 아닌, 쇼핑의 거리 긴자였다. 의아스러운 눈길을 던지는 관광객들과 행인들 사이에서 오토코구미는 고층 건물 앞에 조용히 줄을 지어 섰다. "재특회 채널을 봉쇄하라!"라

재특회의 채널을 폐쇄하기 위해 드왕고 사옥 앞에서 벌인 시위.

는 말이 적힌 피켓을 들고 있었다.

'현장 최전선'은 비단 오프라인 시위 현장에만 국한되지 않았다. 재특회는 인터넷에서 회원을 모을 뿐 아니라 시위 현장과 연설 등을 인터넷으로 생중계한다. 일본의 유튜브라고 할 수 있는 '드왕고'에 독자적인 채널을 가지고 있을 정도이다. 다카하시는 재특회의 최대 홍보 수단인 드왕고를 목표로 삼았다. 오토코구미의 두뇌라고 불리는 노치는 자신이 처음 재특회 활동을 담은 동영상을 보고 방관한 것을 후회했다. 진위가 확인되지 않은 재일 특권이 있다는 루머가 이렇게 퍼지리라고 생각하지 못했다는 것이다.

"2012년 12월쯤에 재특회 활동을 담은 영상을 봤어요. 처음 봤을 때는 히로시마에서 데모하는 이상한 단체라고 생각했어요. 이런 거 곧 없어지겠지 생각했는데 아니었어요. 그때 바로 항의를 시작해야 했어요."

다카하시는 재특회 시위대를 막기 위해 들이는 열정을 드왕고 채널을 봉쇄하는 데에도 어김없이 쏟아 부었다.

"우리가 시위대에서 만나는 사람들은 휘둘리는 사람들이야. 여긴 그걸로 돈 버는 데 아니야? 인터넷으로 하는 것도 똑같은 헤이트 스피치라고."

실제로 작은 성과도 있었다. 2015년 5월, 드왕고는 재특회가 올리는 동영상이 '공공질서, 미풍양속, 일반적 상식에 반(反)하는 행동을 금지하는 규약을 어겼다는 판단'으로 재특회의 채널을 폐쇄하겠다고 통보했다. 재특회의 선동을 퍼트리던 확성기 하나가 이제 꺼졌다.

도청 앞 어필

재특회의 시위를 한 발짝 앞서 막으려는 시도는 전략적으로 계속됐다. 왜 경찰이 재특회를 보호할까? 다카하시의 의문에서 시작한 결정이었다. 헤이트 스피치를 하는 단체에 시위 허가 자체를 내주지 말라는 항의를 시작한 것이다.

이 시위는 '도청 앞 어필'이라고 불린다. 2013년 10월 14일, 오토코구미가 처음 어필을 시작했다. 그날은 하필 폭풍우가 몰아쳤다. 스무 명의 오토코구미 단원들이 "도쿄에서 재특회의 거리 선전을 그만두게 하자."라고 항의를 하는 진풍경이 펼쳐졌다. 단원 한 명이 스피치를 시작했다.

"표현의 자유를 존중해야 한다고 하죠. 하지만 재특회가 주장하는 건 혐오 발언이죠. 그걸 듣지 않아도 되는 건 인권의 문제입니다. 헤이트 스피치가 있을 때는 헤이트 스피치를 할 수 있는 장소를 제공하지 말라고, 끝난 뒤에는 왜 헤이트 스피치를 하게 했느냐고 항의해야죠."

이후 매주 월요일 신주쿠 도청사 앞에서는 다른 카운터스 단체들이 어필을 계속 이어가고 있다.

차별이 만든 서로 다른 정의

다카하시는 두 얼굴의 사나이였다. 시위 현장에서 소매를 걷어 올리고 용 문신을 드러낼 때면 영락없는 전 야쿠자의 얼굴이 드러났다.

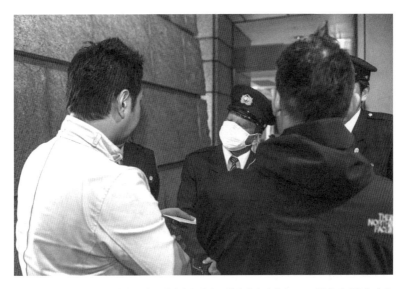

도쿄도지사에게 헤이트 스피치 시위를 허가하지 말라고 항의하러 갔다가 도쿄도청의 경비한테 저지 당하는 오토코구미 단원들.

그러나 오토코구미 단원들과 함께할 때는 가끔 술주정도 하는 친한 형님의 얼굴이 드러났다. 시위 현장이 아니라면 영락없이 주변에서 흔히 볼 수 있는 40대 아저씨다. 그런 다카하시가 왜 유독 헤이트 스피치에 한 치도 양보하지 않는지 궁금했다. 다카하시는 굳이 재일 한국인을 향한 차별에만 민감하게 반응하는 것은 아니었다. 성소수자 차별에 반대하는 오토코구미의 뜻을 전하기 위해 서울 레인보우 페스티벌에 단원들을 보내기도 했다. 동거하던 여자의 아이가 학교에서 이지메를 당한다는 말을 듣고 학교의 교장을 찾아가 담판을 지은 적도 있을 정도라고 했다.

"차별에 왜 그렇게 민감한 거죠?"

내 질문에 다카하시는 생각해본 적이 없다는 듯 한참을 말이 없었다.

"아마 내가 이혼 가정에서 자라 차별을 받아서 그런 것 같아. 어머니가 재혼할 때마다 성이 바뀌니까 아이들한테 괴롭힘을 당했거든. 그러다가 싸움꾼이 됐고 말이야. 그래서 더 잘 이해할 수도 있겠지."

잠깐 감상에 젖었던 다카하시는 갑자기 반문했다.

"그런데 개인적인 이유가 있건 없건 누구든 차별은 하면 안 되는 거잖아?"

나는 재특회 전 회장 사쿠라이 마코토에게도 차별을 받은 적이 있는지 물어본 적이 있다. 사쿠라이 마코토는 헤이트 스피치의 피해자가 된 적이 없어서 피해자가 느낄 감정을 느끼지 못하는 게 아닐까? 잠시 이런 생각도 했다. 하지만 사쿠라이 마코토의 대답은 의외였다. 자신이 아버지가 없어서 사생아라는 차별을 받고 자랐다는 것이다. 나는 때를 놓치지 않고 물었다.

"그럼 지금 재일 한국인이 어떤 기분일지 잘 알겠네요. 그 사람들이 선택한 일도 아닌 것 때문에 차별을 받고 헤이트 스피치의 대상이 된다는 게 합당하다고 봅니까?"

사쿠라이 마코토는 자기가 겪은 일이 오래된 일이라 기억이 나지 않는다고 대답을 회피했다. 대신 차별은 인간 세상에서 없어지지 않는다는 궤변을 늘어놓았다.

"차별이 없다면 사람이 살아갈 수 없습니다. 차별을 해결하려고 하는 사람들이 있는 것도 사실이지만, 이런 차별을 해결하면 또 새로운 차별이 나옵니다. 차별이라는 말 자체가 저는 이상하다고 생각합니다. 이견이라고 말하는 게 더 나을 것 같습니다. 저는 차별이 있기 때문에 인간이 여기까지 진화했다고 생각합니다."

재일 한국인을 향한 차별이 없어지면 사쿠라이 마코토의 타깃은 또 다른 대상으로 옮겨갈 것이라는 예고처럼 들렸다. 차별 선동과 그에 따르는 이득을 먹이 삼아 사쿠라이 마코토와 재특회는 성장해왔다. 어린 시절에 겪은 차별의 기억을 품고도 왜 한쪽은 헤이트 스피치를 하는 사람으로, 또 왜 다른 한쪽은 헤이트 스피치에 맞서는 카운터스로 변모한 것일까?

6°

새로운 시작을 위한
해산

재특회 시위와 카운터스의 변화

"여러분을 믿고 회장을 그만둡니다. 죽는 것은 아닙니다."

2014년 11월, 재특회의 사쿠라이 마코토 회장이 갑작스럽게 퇴임했다. 사쿠라이 마코토가 퇴임하자 누구보다 낙심한 건 오토코구미였다. 오토코구미의 돌격 표적은 언제나 사쿠라이 마코토였다. 특히 번번이 경찰한테 막혔던 다카하시가 안타까워했다.

"용서할 수 없어. 사쿠라이가 오는 곳은 꼭 가려고 했는데…. 다른 사람들은 그냥 방치하는 것이 좋다고 생각했는데 말이야."

이상하게도 사쿠라이와 다카하시는 시위 현장에서 자주 엇갈렸다. 다카하시가 체포돼서 유치장에 있을 때, 사쿠라이가 거리 시위에 나왔다. 반대로 다카하시가 시위 현장에 나왔을 때는 사쿠라이가 참여하지 않았다. 오토코구미 단원이라면 모두 어린아이처럼 눈을 반짝이며 최고의 무용담으로 꼽는 '신오쿠보 돌진' 때는 두 사람 사이에 극적인 대결이 벌어질 뻔했다. 유지로도 그때의 기억이 생생하다.

"내가 돌진할 것처럼 과격하게 굴면서 사쿠라이 마코토 쪽으로 가니까 경찰이 우르르 나한테 붙는 거예요. 그 사이에 다카하시가 거의 다가갔는데…."

유지로와 다카하시의 시선이 엇갈렸다.

"그걸 한 스무 번은 했을걸? 사쿠라이 마코토 40cm 앞까지 갔었는데 말이야. 팔만 내뻗으면 닿을 수 있었는데 말이야."

다카하시는 자기 주먹을 다시 한 번 내려다보았다.

당시 재특회는 궁지에 몰려있었다. 2013년 6월에는 '넷우익의 카리스마'라고 불리던 사쿠라이 마코토가 체포되기까지 했다. 카운터스에게 침을 뱉고 폭행을 한 혐의였다. 교토 조선제1초급학교에서 벌인 헤이트 스피치와 2010년 도쿠시마 현의 교직원 조합 사무실에 난입한 사건으로 거액의 배상금을 내야 한다는 판결을 받았다. 카운터스의 승리라고 볼 수 있는 일이었지만, 오토코구미는 긴장을 풀지 않았다. 베일에 감추어졌던 카리스마의 실체를 최초로 벗겨낸 야스다 기자의 예측도 마찬가지였다.

"아마 작년에 체포되기도 했고, 여론에서 헤이트 스피치를 규제해야 한다는 말도 나오니까 재정비하러 떠난 걸 겁니다. 그래도 여전히 실세입니다."

헤이트 스피치에 휘말렸던 신오쿠보의 한인 상권은 안타깝게도 느리게 회복되고 있다. 그러나 다행히 2013년 9월 이후로 재특회 시위는 더 없었다. 재특회가 내세운 시위를 하지 않는 표면적인 이유는

험한 시위 현장에서 다카하시는 재특회 전 회장 사쿠라이 마코토를 거의 잡을 뻔했다.

"이제 한국 정부에 전달할 이야기는 충분히 했다."였지만, 실제는 혜이트 스피치를 규제해야 한다는 여론이 드세졌기 때문이었다. 2014년 12월, 일본 경찰청이 발간한 「치안의 회고와 전망」에서 재특회는 '극단적인 민족주의·배외주의적 주장에 기초해 활동하는 우파계 시민 단체'로서 주의 대상으로 지목됐다.

그러는 동안 카운터스 사이에도 변화가 있었다. 노마가 만든 시바키 부대가 해체한 것이다.

"일단 신오쿠보에서 재특회가 하던 산보가 없어졌으니까요. 그 산보를 막는 게 목적인 모임이니까 해체하는 게 맞아요."

하지만 시바키 부대 멤버들은 카운터스라는 큰 틀에서 활동을 자발적으로 이어가고 있었다. 시바키 부대에서 오토코구미로 넘어온 회원들도 있었다. 그런 상황에서 오토코구미도 큰 결단을 내렸다.

우리는 오늘 부로 해산한다

2015년 3월 28일, 오토코구미는 해산했다.

처음 해산 이야기를 꺼낸 사람은 다카하시와 유지로였다. 단체 채팅방에서는 오랫동안 설전이 오갔다. 처음에는 반대만 하던 단원들이 하나둘 다카하시의 말에 동의했지만, 그 과정에서 나와 다카하시 사이에 탐색전도 있었다. 오토코구미 신입 단원으로서 나는 당연히 반발했다. 아직도 혐오 발언이 인터넷에 들끓었다. 당시 도쿄 신오쿠보에서는 없어졌지만 일본 전역에서 재특회 시위가 산발적으로 열리고 있는 상황이었다. 그런데 벌써 해산한다니! 당시 50명까지 불어난 단원들의 심경도 나와 비슷했나 보다. 2년 동안 다카하시를 따랐던 단원들은 술기운을 빌려 다카하시에게 물었다.

"경찰 때문에 그렇죠?"

회원 명단 노릇을 한 단체 채팅방이 오사카 경찰에 유출되면서 오토코구미 단원들은 2년 동안의 기록이 담긴 채팅방에서 나와 또 다른 단체 채팅방을 만든 상태였다. 단원들은 빠지는 사람 없이 모두 새 채팅방에 참가하는 저력을 보여주기도 했다.

"유치장은 겁나지 않아요. 시위 현장에서 활동을 못 하는 게 아쉽긴 하지만, 다카하시랑 기모토도 여러 번 다녀왔잖아요. 우리도 그 정돈 해야죠."

그러나 오토코구미로서는 제약이 있긴 했다. 이미 경찰에서 주시하고 있고, 돌발 상황이 일어날 때마다 집중적으로 비난을 받기도 했다. 유지로는 오토코구미 단원들에게 자신들이 물러나는 것이 넷우익의 공격을 막는 데 도움이 될 것이라고 설득해나갔다.

"전직 야쿠자인 다카하시나 나 같은 호스트 출신은 원래 헤이트 스피치 이전에 인간으로서 문제가 있다는 비난을 받는 사람이잖아요. 필요 없어지면 카운터스에서 사라져 그늘에 있어야 한다고 생각했어요. 우리 같은 쓰레기가 카운터스의 최전선에 있는 것이 이상해 보일 거예요."

유지로의 말은 오토코구미 단원들을 놀라게 했다.

"우리도 처음부터 알고 있던 거잖아요. 카운터스도 알고 있고."

다카하시가 오토코구미 활동 때문에 직장에서 해고당하고, 넷우익

2015년 3월 28일, 신주쿠 중앙 공원에서 열린 오토코구미 해산식. 대장 다카하시가 꽃다발을 받고 있다.

한테서 협박받고 있다는 사실은 알고 있었다. 그러나 자칫 카운터스 전체를 위태롭게 할 모함을 받고 있다는 사실은 알려지지 않은 상태였다.

사업가 이토 씨도 넷우익 사이에 파다하게 도는 소문을 들은 적이 있었다.

"사쿠라이 마코토가 공격하는 게 그거예요. 다카하시가 야쿠자였지 않느냐, 네가 돈을 주고 용역 깡패를 고용한 것 아니냐, 이렇게 주장하는 거죠."

실제로 이토는 여러 개의 사업체를 거느리는 부유한 사업가다.

"차라리 자금을 좀 조달해줄 걸 그랬어요. 그랬으면 기차표를 못 사서 발 구르는 단원은 없었겠지."

함께 웃는 다카하시를 대신해 단원들의 증언이 이어졌다.

"지난번에 오사카 경찰에 체포됐을 때, 다카하시가 변호사보다 먼저 전화 건 사람이 누군지 알아요? 저였습니다. 지방에 가려고 신칸센 기차표 두 장을 구해놨는데 못 쓰니까 꼭 받아서 가라고 말이에요."

이토는 개인적으론 사쿠라이 마코토의 음해에 개의치 않는다며 손을 내저었다.

"내가 강하게 반발하니까 넷우익에선 한국 정부에서 오토코구미를 지원한다고 하던데요, 뭘."

지방에서 산발적으로 이어지는 재특회의 시위를 찾아다니며, 신칸센 기차표 한 장을 사는데도 손을 떨 정도로 생활고에 시달리던 평범한 사람들에게 넷우익은 '용역 깡패 집단'이라는 소문을 퍼뜨리고 있었다. 평일에는 '목소리까지 바꿔가며' 영업일을 한다는 다카하시나, 항상 웃는 낯의 마켓 직원 기모토, 두 아이의 아빠이며 회사원인 노치, 그리고 마찬가지로 오토코구미의 한 명이 된 나 역시 단 한 푼의 돈이 오가는 것을 보지 못했다. 각자의 얄팍한 주머니에서 갹출해서 술 한 잔을 하는 게 우리의 유일한 즐거움이었다.

다카하시가 잔을 들었다.

"처음에는 깡패들이 인종 차별주의자들을 때려 없애려고 했던 집단이었습니다. 여러분처럼 반듯한 사람이 들어오기도 하고, 능력 많은 사람이 들어오기도 해서 이제는 꽤 괜찮은 집단이 됐습니다. 그런데 제가 대장으로 있기엔 여러분이 잃을 게 너무 많습니다. 오토코구미 해산 소식이 들리면 넷우익은 이제 돈이 끊겨서 해산하는 거라고 소문을 퍼트릴 겁니다. 각오하고 우리 새롭게 출발합시다."

그날은 해산식이 아닌 새로운 활동을 선포하는 자리라는 말은 거짓이 아니었다. 불과 며칠 만에 다카하시를 비롯한 오토코구미 단원들과 시위 현장에서 다시 마주쳤으니 말이다.

오토코구미를 보는 두 가지 시선

2013년 카운터스가 처음 생겨났을 때, 신오쿠보의 한인 상가는 카운터스들에게 호의적이지만은 않았다. 당장 생업을 걱정해야 하는 영세 상인들의 걱정은 더 컸다.

"고맙기도 한데, 손님이 너무 줄었어요. 재특회 시위대가 휩쓸고 갈 때도 타격이 큰데, 이제 카운터스까지 모여서 서로 욕설하니까 오기 무섭다고 하는 사람들도 생기고…."

이런 반응은 그래도 양호한 편이다.

"같이 욕설하면서 싸우니까 이쪽이나 저쪽이나 똑같지. 아무리 그래도 왜 폭력을 씁니까? 꼭 그래야 하는 건가요?"

재특회 시위대와 카운터스의 마찰이 불거지자 경찰 기동대도 많이 동원되면서 신오쿠보는 그야말로 발 디딜 틈 없는 북새통으로 변했다.

언론의 반응도 호의적이지만은 않았다. 진보 성향의 「아사히신문」조차 시바키 부대를 '상대에게 직접 욕을 퍼붓거나 때로는 직접 덤비는 과격 행동으로 유명'하다고 표현했다. 짧은 시간에 유명세를 타면서 생긴 일이었다. 노마가 시바키 부대를 급히 해산한 이유도 '폭력'이라는 이미지를 벗기 위해서였다.

"몇 번이나 말했는데 이미지가 고정돼 버렸더라고요. 시바키 부대는 카운터스의 일부이고, 카운터스가 하는 일은 정말 많아요."

'친하게 지내자'는 플래카드를 드는 대신 '돌아가라'라는 적대적인 플래카드를 들기도 하고, 재특회 시위대의 모습을 인도에서 볼 수 없게 거대한 가림막을 친 적도 있다. 풍선 날리기를 통해 시위로 얼룩진 거리에 다른 풍경을 만들어내기도 했다. 참가자들의 자발적인 아이디어가 모인 카운터스 활동이었다. 그런데 언론이나 외부에는 '폭력'만이 부각돼 알려졌다.

"폭력이라고 하긴 그렇고 완력을 조금 썼던 건 재특회의 '산보' 막기 때문이었죠. 그건 경찰 허가를 받은 시위가 아니니까 막아야 했고요. 그런데 우리도 체포되는 경우가 있었어요. 신체적으로 부딪히는 건 막을 수 없으니까."

도쿄 신오쿠보의 현장을 함께 지켰던 시바키 부대의 노마는 해산식에 오지 않았다. "정말 수고하셨습니다."라는 메시지만 보내줬다.

"오면 한번 제대로 싸우려고 했는데…."

다카하시는 농담을 하며 넘어갔지만, 둘 사이 입장 차이가 있었다는 걸 알 수 있었다. 카운터스가 모이던 초기의 일이다.

"현장에 가보니까 카운터스가 재특회 시위대한테 확성기로 고래고래 소리를 지르긴 하는데, 성에 안 차더라고. 처음에는 그냥 간단하게 생각했어. 그 자식들을 없애버리고 체포당하자, 이런 거 빨리 끝내 버리자, 그러니까 돌진한 거지."

노마는 오토코구미를 비난하지는 않았지만 걱정스러워하기는 했다. 자칫 카운터스가 폭력적이라는 이미지를 남길지도 모른다고 생각한 것이다.

"교육이나 사진, 서명, 로비 등 행동 영역을 넓히려고 하는데 행정기관 쪽에 그런 이미지를 남기면 안 되니까요. 처음에는 좀 걱정했죠. 우리는 도덕적으로 우월해야 한다, 뭐 그런 생각이 있었던 거 같아요."

폭력에 폭력으로 대응하는 게 옳은 일인가? 이런 물음은 카운터스 안에서도 분분했다. 카운터스가 조선학교 학생들과 만나 인종 차별 발언의 실태를 듣고, 차별 발언 퇴치를 위한 활동을 설명하는 자리도 유독 다카하시에게는 허락되지 않았다.

"미움받는 거 아무렇지도 않아. 우리는 우리만의 방식으로 싸우는 거니까."

다카하시의 대답은 언제나 명쾌했다. 그리고 재일 한국인들의 소극적인 대응에도 억울해하지 않았다.

"소수자들은 맞지 않아도 무서울 거야. 자기들을 죽여버리겠다고 주장하는 단체에 어떻게 대항하겠어. 그렇지만 재특회의 표적이 우리는 아니잖아. 그러니까 우리는 싸울 수 있는 거지."

노마의 오해도 풀렸다.

"처음엔 진정성이 의심되기도 했어요. 우리가 생각하지 못한 방식이었으니까. 그런데 2년이나 활동하는 걸 보니 생각이 달라졌어요. 현장에서 오명을 뒤집어쓰는 일은 그냥 우리가 하겠다, 경찰 체포도 두렵지 않다, 우리는 우리 방식대로 하겠다. 그런 단체더라고요. 일단 옳은 일이라면 돌진하는 단체 말이에요. 우리 시바키 부대 대원들도 오토코구미로 옮겨 갔는데요, 뭐. 오토코구미 사진사 로디 사진전은 우리가 하고요. 각자의 방식을 인정하는 거죠."

2015년 오토코구미가 해산할 때에는 카운터스가 아쉬워하며 함께 했다. 여러 차례 경찰에 체포된 일도 오히려 카운터스의 숫자를 늘린 계기가 됐다. 전 야쿠자라는 걸 숨기지 않는 다카하시, 호스트 출신이라는 걸 내세운 유지로에게 사람들은 오히려 박수를 보냈다. 사람들을 매료시킨 다카하시의 방식은 무엇이었을까?

야스다 기자는 오토코구미 단원이 되면서 재특회 취재하는 데 곤란을 겪기도 했다. 재특회는 "전 세계 어떤 언론의 인터뷰도 환영한다."라고 공지한 것과 다르게 야스다 기자만큼은 출입 금지 인사 목록에 올렸다. 하지만 경찰 수사 때문에 단체 채팅방을 옮기고, 시위 때마다 공격을 받는 수난 속에서도 야스다 기자는 끝까지 오토코구미 단원으로 남아있었다. 그 이유를 "즉각 행동"때문이라고 대답했다. 2010년부터 넷우익의 위험성을 지적하는 르포를 써왔지만 진지하게 받아들이는 사람은 드물었다고 했다.

"메이저 언론에서는 기사를 실어주는 곳도 없었습니다. 그냥 내버려 둬라, 그러다 끝난다, 뭐 이런 식이었죠."

"조선인을 학살하자."는 여중생의 발언을 담은 쓰루하시 동영상을 보도한 것도 일본 언론이 아닌 외신이었다. 동일본 대지진 이후 일본에 대한 국제 사회의 여론이 급변하고 있다고 우려를 표했다. 아직은 인터넷에서만 우글대는 집단이라며 재특회를 방치한 사이 대응은 점점 늦어졌다. 극우 세력의 주장에 대한 반박이 있었더라면, 학자들의 연구라도 있었더라면, 인터넷에서만 떠돌던 그 궤변들이 14살 소녀의 입을 통해 쓰루하시에 울려 퍼질 수 있었을까? 야스다 기자는 헤이트 스피치에 대해 즉각적으로 행동하는 앞뒤 안 가리는 정의감에 매료됐다고 했다.

"진지하게 충분히 생각해야 할 때가 있죠. 하지만 헤이트 스피치는 다릅니다. 진짜 차별로 이어지거든요."

대장의 짐을 내려놓다

해산식 이후에도 단체 채팅방에서는 해산한 건지 확인하는 말이 떠돌았다. 단원 중 누구도 이미 해산된 단체의 채팅방을 나가지 못했다. 오토코구미는 원래 회원 명부도, 회비도 없었다. 시위 현장에서 가장 굳은일을 하는 건 언제나 대장 다카하시였으니, 정말 특이한 단체이긴 했다. 경찰의 조사가 언제 시작될지 모르기 때문에 민감한 정보를 올릴 수도 없었다. 넷우익의 시위 정보가 올라오면서 오토코구미 단원들의 라인 채팅방이 다시 활발해진 건, 해산식이 있고 불과 며칠 뒤였다. 오토코구미 단원으로서가 아니라 개인으로서 카운터스에 참여하는 첫 시위였다. 누구도 "함께 가자."라는 말을 못했지만, "나도 간다."라는 답이 꼬리를 물었다. 비록 오토코구미는 해산했지만, 단원들의 열정까지 식은 것은 아니었다. 이름이 없어졌을 뿐 달라진 건 없었다. 다카하시는 여전히 가장 열정적으로 움직이는 사람이었고 경찰의 집중 마크를 받았으니까.

헤이트 스피치에 맞서다 돌아오는 길에 일본식 선술집에 들르는 것도 똑같았다. 우리는 단체 채팅방에서 그랬듯이 "우리 해산한 거 맞아요?"라는 말을 또 주고받았다. 다카하시가 오토코구미의 이름으로 할 수 없는 일이 무엇인지 궁금했다.

"공부도 하고, 단체도 만들어야 하고."

그 말에 우리가 일제히 "우리도 함께하겠다."라고 대답하자 다카하시가 손을 내저었다.

"너희는 설득이 필요 없잖아. 헤이트 스피치 반대 운동에 같이 참여하자고 친분 있는 우익 단체들 다 설득해봤는데 소용없더라고. 재특회랑 똑같은 소릴 해. 한국에서 돈을 받았느냐고. 아닌데 왜 그런 일을 해? 그런 거. 그래서 내가 하나 만들 거야. 내가 알던 우익이 아니어서 바꿔야겠어."

소상공인들을 괴롭혀야 하는 야쿠자가 싫어서 야쿠자 세계를 떠나고, 헤이트 스피치가 싫어서 재특회를 떠났던 다카하시의 좌충우돌 정의 찾기는 다시 시작되고 있었다.

해산 이후

2013년 10월, 시바키 부대를 조직한 노마를 다시 만난 곳은 무려 클럽 파티장이었다. 재특회 확성기를 통해 들리던 욕설 대신 고사양 앰프를 통해 전해지는 라이브 음악이 가득 찬 곳이었다. 그곳에는 몸 싸움 대신 음악에 취해 경쾌하게 몸을 흔드는 젊은이들이 있었다. 이 곳이 우리말로 하면 '인종 차별주의자 행동 집단'이라고 번역할 수 있는 크랙의 활동장이었다.

연주를 하는 아티스트 뒤에 설치된 대형 스크린에 세련된 포스터 가 떴다. 파티처럼 즐기면서 인종 차별이 무엇인지 느끼길 바라는 일 종의 문화 운동이었다. 교육 자료나 전단을 항상 비치하지는 않지만, 한번 만들면 영상을 전공한 나도 감탄할 만큼 세련됐다.

"이 포스터들이랑 플래카드는 편의점에서 프린트할 수 있어요. 현 장에 와서 자기 목소리를 내고 싶으면 언제든지 하라는 거죠."

노마의 눈은 반짝이고 있었다. 헤이트 스피치에 맞서는 카운터스가 늘어나면서, 개인 생활에 몰두해 있던 젊은이들이 사회 정의 운동에 관심을 두기 시작했다는 것이다.

시바키 부대를 해체하면서 교육과 문화를 통한 운동에 중점을 두 겠다는 노마의 말은 현실이 됐다. 노마는 그사이 재특회 주장의 허구 성을 폭로하는 책자를 냈다.

"요즘 서점은 혐한 비즈니스에 혈안이 됐어요. 이 감독은 그거 봤 어요? 사쿠라이 마코토 책이 베스트셀러된 거?"

노마가 보여준 책들은 놀라웠다. 만화 혐한류 외에도 『태권도박』

크랙은 반혐오 시위에 맞서는 문화 운동과 교육 운동을 이끌고 있다.

(박선일이라는 한국인이 재일 동포를 차별하고 핍박하는 일본인들을 태권도로 복수하는 만화이다. 그 과정에서 희화한 한국 정치인이 등장하는 등 한국을 조롱하는 내용이 나온다.), 『일장기 거리 시위 소녀』(중학생인 주인공이 한국 '위안부' 할머니들이 보상을 받았는데 돈을 더 받기 위해 거리로 나섰다고 주장하는 만화이다.) 만화책이 화제가 되고 있었다.

"이런 걸 젊은이들이 읽으면 안 되잖아요. 젊은 친구들은 마음이 동하지 않으면 움직이지 않잖아요. 인터넷에 헤이트 스피치가 얼마나 나쁜 것인지 아무리 길게 글을 써봤자 재미없어하고 말더라고요."

노마는 재특회의 주장을 담고 있는 책에 맞설 책을 쓰고 있다. 음악 잡지 편집자인 노마에게는 생소한 분야였다. 엄청난 취재와 자료 조사가 필요했다.

"재일 한국인도 4세와 5세는 제대로 모르더라고요. 이거 공부하느라고 아주 고생했어요. 그래도 인터넷이나 도서관에서 재일 한국인 특권에 대해 검색했을 때, 사쿠라이 마코토 책이 나오면 그 주장이 거짓말이라는 책도 나와야 하잖아요."

노마는 헤이트 스피치 시위에 촉각을 세우고 SNS를 통해 시간과 장소를 공지하지만 활동을 위해 특별한 모집을 하지는 않았다. 각자의 방식으로 카운터스를 하면 된다는 뜻을 고수했다.

"오토코구미도 강제성이 없는데도 카운터스를 계속하잖아요. 우리도 그렇게 진화하는 거죠."

크랙의 행사장에선 오토코구미 야마타쿠를 만날 수 있었다.

"파티 기획을 하고 있어요."

카운터스의 활동을 보여주는 자료를 비치하고 뮤지션을 섭외하느라 무척 바빠 보였다. 재특회 시위대에 누구보다 맹렬하게 달려들었던 야마타쿠. 그에게 단원들과 어깨를 걸고 현장에 나갔던 때가 그립지 않은지 궁금했다.

"너무 힘들었어요. 그런데도 그런 일이 벌어진다는 걸 알면서 안 나갈 순 없었어요. 앞으로도 나갈 거고요."

얼마 전에는 회사 근처에서 거리 선전을 하는 재특회 회원들에게 혼자서도 오토코구미 역할을 해냈다고 자랑하기까지 한다.

"롯폰기 역에서 일곱 명 정도 모여서 거리 선전을 하고 있더라고요. 막 설교를 하니까 그쪽도 저를 알아보고 아무 말도 못 하고 돌아가던데요."

헤이트 스피치에 대항하는 카운터스의 활동은 거리를 떠나 다양해지고 있었다. 오토코구미가 시작한 도청 앞 어필은 행인들이 자유롭게 참여하는 거리 홍보전으로 자리 잡고 있었다. 헤이트 스피치에 대한 비판 책자는 30여 권 넘게 출판됐고, 금지 법안을 만들려는 정치권의 움직임도 있었다. 헤이트 스피치(대부분이 재일 한국인을 향한)는 완전히 사라질 것 같았다. 하지만 짧은 휴전에 불과했다. 인종 차별주의자들이 다시 움직이기 시작했기 때문이다.

7°

끝나지 않는
전쟁

욱일승천기부터 위안부까지, 일본 우경화

작년 도쿄 신오쿠보에서 혐한 시위가 정점에 이르렀을 때, 한일 양국의 트위터를 뜨겁게 달군 사건이 있었다. 일본의 축구 팬들이 캐나다 여자 월드컵에서 욱일승천기를 내건 것이다. 정치, 종교, 민족, 인종을 선전하는 구호와 문구를 상징하는 일을 모두 엄격히 금지하는 스포츠 경기장에서 일어난 일이다. 2012년에도 중계 카메라에 욱일승천기를 흔드는 관중이 잡혀 비난을 받은 적 있었지만, 작년 일본 네티즌들의 반응은 심상치 않았다. "욱일승천기는 두 번째 국기인데 왜?", "축구 협회에 항의해야 한다." 등의 의견이 인터넷에 돌아다닌 것이다. 극단적인 우파를 응원하는 게 이상하지 않다고 여기는 분위기는 인터넷에서 가장 먼저 감지됐다. '위안부', 한·중과 일본의 영토 문제, 역사 인식에서 우경화한 주장을 적극적으로 지지하는 분위기가 흐르고 있었다. 최근 한 청원사이트에서 "위안부는 급여를 받는 매춘부, 미군에도 서비스를 제공했다는 내용을 미국 교과서에 기술하라."라는 캠페인을 하고 있는 걸 보고 놀란 적 있다. 하지만 더 놀라운 사실은 3만 6천 명이 넘는 사람들이 이 청원에 서명을 했다는 사실이다.

노마도 일본의 우경화를 우려했다. 티베트 인권 운동, 원전 반대 운동을 한 노마에게도 넷우익은 쉽게 이길 수 없는 상대였다.

"시위에 나가보면 자기가 재특회는 아니라고 하는 사람들이 많아요. 재특회 회원은 1만 5천 명이지만 그 주장에 끌리는 사람은 그것보다 더 많을 수 있어요. 인터넷으로 누구나 쉽게 가입할 수 있어요. 저도 재특회에 가입했는데요. 지금은 얼마나 많은 사람이 재특회에서 말하는 주장에 동의하고 있는지 파악이 안 되죠."

일본의 우경화는 사회에서 가장 약한 고리인 재일 한국인을 향한 헤이트 스피치로 터져 나왔다. 각종 사회운동에 몸담아 온 좌익 지식인들이 모두 도쿄 신오쿠보로 몰린 것도 그런 이유 때문이다. 와타나베는 학생 중 우경화를 지나 넷우익과 유사한 의견을 내놓는 사람이 늘어나 걱정했다. 학생들에게 재특회의 헤이트 스피치를 보여주면 대부분 "나치와 다를 것 없다.", "저런 일이 일어나서는 안 된다."라고 말하며 충격을 받는다. 그러나 오히려 호기심을 느끼며 "끌리는 주장이다. 재일 한국인이 뭔가 잘못했겠지."라고 반응을 보이는 학생들도 나온다. 이런 상반된 반응을 보이는 학생들이 거의 비슷한 수라고 했다. 작년에 일어난 해프닝도 넷우익이 얼마나 많은 사람을 포섭했는지 보여준다.

"7월 9일부터 주변의 재일 한국인을 경찰에 신고해라. 그 사람들은 일본에서 쫓겨 나게 된다."

"7월 9일부터 재일 한국인의 통명 사용이 전면 금지된다. 통명을 쓰면 불법 체류로 간주해 강제로 송환한다."

"7월 9일까지만 (재일 한국인의 존재를) 참아라."

2015년 초부터 재일 한국인을 둘러싼 이상한 루머가 퍼지기 시작했다. 일본 우익 인사들의 SNS를 통해 '7·9 재일 한국인 추방일'이라는 글이 퍼진 것이다. 누가 먼저 시작한 건지 알 수 없는 인터넷 루머였다. 알고 있는 재일 한국인을 입국관리국에 신고해 보상금을 받으라는 선동까지 등장했다. 문제는 실제로 그날부터 이웃에 재일 한국인이 살고 있으니 추방해달라는 이메일이 폭주했다는 것이다. 불법 체류 외국인을 신고하는 사이트가 다운될 정도였다.

왜 7월 9일이었을까? 일본은 일제 강점기 때 한반도와 대만 등에서 이주해와 해방한 뒤에도 일본에 남은 사람들과 그 후손들에게는 국적 대신 특별영주권을 부여했다. 재일 한국인도 여기에 해당한다. 일본 주민기본대장법이 바뀌면서 '특별영주자 증명서'라는 새로운 신분증으로 갱신해야 했는데, 7월 8일은 재일 한국인의 서류 신청 마감일일 뿐이었다. 아베 신조(安倍晋三) 총리의 "'위안부' 강제연행 없었다.", 기시다 후미오(岸田文雄) 외상의 "'위안부' 성노예 아니다."라는 정치인들의 망언은 다시 어떤 극우 단체의 확성기를 통해 증폭될까? 감바라 변호사의 말처럼 어떤 말이든 '정치인이 말하면 정상인 것처럼 느껴지는 현상'이 일어날지 모른다는 생각에 머리가 쭈뼛해졌다.

오토코구미를 포함한 카운터스는 헤이트 스피치만 막고 있는 게 아니었다. 일본 안에서 재특회를 위시한 넷우익이 퍼뜨리는 강한 일본을 향한 열망과 역사의 과오를 왜곡하는 움직임을 용인하는 우경화를 막고 있었다.

SEALDs, 새로운 민주주의 세력의 등장

2015년 5월, 일본 국회의사당 앞에서 시민들은 목소리를 하나로 모아 구호를 외치고 있었다.

"켄포 마모레(헌법을 지켜라)!"

자유로운 복장을 한 래퍼가 나와 랩을 하기도 했다.

"아이 세이 아베, 유 세이 야메로, 아베 야메로(아베 그만둬라)!"

내가 SEALDs(Students Emergency Action for Liberal Democracys, 자유민주주의를 위한 학생긴급행동, 줄여서 '실즈'라고 부른다.)의 평화 시위에서 목격한 것은 헤이트 스피치에 대항한 카운터스 활동이 키운 긍정적인 에너지였다.

실즈는 지난해 봄에 나타난 단체로, "일본이 다시 뜨거워졌다.", "일본에서 영원히 사라졌다고 생각했던 풍경이 다시 나타났다."라는 평가를 받았다. 대학생이 주축인 실즈는 정식 멤버는 300여 명 정도이지만, SNS를 통한 소식 공유로 유모차 부대, 교복을 입은 고등학생까지 수만 명을 참가시키는 저력을 발휘했다. 이렇게 모인 사람들이 각각 '미들스(40대~50대)', '틴스 소울(10대)' 등의 모임을 만들어 행

민주주의와 평화를 주장하는 SEALDs의 시위.

사를 주최해나갔다.

실즈는 특별한 조직이 없고 두드러지는 리더가 없는 수평적 조직이다. 인터넷을 통해 연령별, 성별별의 소모임이 자발적으로 결성됐다. 넷우익의 선전 통로로 여겨지던 인터넷 공간을 실즈가 점령한 것이다.

평화헌법 9조를 지켜야 한다는 것 외에는 공통점이라곤 없는 사람들이 연단에 올라가 자신의 이야기를 한다. "민주주의란 뭔가?"라고 물으면 참석자들이 "이거다!"라고 화답하는 식으로 시위는 축제처럼 진행된다.

수많은 인파를 모은 카운터스는 일본에 없던 학생 시위 문화를 만들어놓은 것 같았다.

"집회는 따분하다고 생각했거든요. 그런데 달라졌죠."

이렇게 많은 사람 중에 얼마나 많은 사람이 도쿄 신오쿠보의 카운터에 함께했던 것일까? 탬버린을 치는 사람들, 콘서트에라도 온 듯 야광봉을 흔드는 사람들에게 가만히 연설만 듣고 구호를 제창하는 게 전부인 재특회의 거리 선전은 재미있다는 느낌조차 주지 못한다. 어쩌면 여기 모인 사람들은 카운터스 활동의 산물이라고 볼 수도 있다. 실즈는 크랙이 추구하는 집회 문화의 혜택을 받았다. 실즈의 전신인 사스펠(2013년 특정비밀보호법 통과를 막기 위해 모인 단체)에 함께 참여했던 노마에게 반갑게 인사하는 학생이 있었다. 실즈의 리더 오쿠다 아키였다. 우리가 함께했던 동안에는 안보법에 반대한다는 이유로 살해 협박 편지를 받기까지 했지만, 여전히 거침없이 시위를 주도하고 있었다.

국회 앞은 도쿄 신오쿠보를 옮겨놓은 것처럼 뜨거워졌다. 와타나베는 이곳에서도 여전히 확성기를 들고 미니 연설을 하고 있다. 내가 인사하자 와타나베는 흥분을 가라앉히지 못한 상태였다.

"'돈 기브업 더 파이'라는 구호 좀 보세요. 저는 이런 아이들이 나올 줄은 꿈에도 몰랐어요. 조직이 아니고 자신들이 삼삼오오 들고 일어난 거예요. 전혀 새로운 운동 형태예요. '일본의 민주주의는 죽었다'라고 말할 때 '끝났다면 시작한다!'라고 하는 아이들이 나올 줄은 상상도 못했어요."

오토코구미와 크랙의 활동을 함께한 야마타쿠도 20대 학생들처럼 흥분해 있었다.

"이 나라에서 시위가 활발했을 때가 저희 부모 세대, 전공투 세대라고 생각하는데요. 그땐 각목을 들었으니까 이미지가 안 좋았죠. 그때부터 이 나라에서 큰 시위라는 게 거의 없었거든요. 패배했을 때 느끼는 패배감이 굉장해서 시위를 해도 소용없다고만 생각했습니다. 하지만 특별비밀보호법, 집단적 자위권에 관한 시위에 젊은 사람들이 들어오기 시작했습니다. 젊은 세대의 등장은 우리의 희망이고 큰 성과가 아닐까요?"

여기서 빠진 건 오토코구미 뿐인가? 그런 생각을 할 때쯤, 사람들 사이로 오토코구미 단원들이 보였다.

"재특회 시위 현장도 아닌데, 왜?"

이런 의문이 들 틈도 없이 다카하시와 오토코구미 단원들은 시위대를 둘러싸고 자리를 잡았다.

"왜 온 겁니까?"

실즈를 경호하는 오토코구미 단원 노치.

"경비하러."

다카하시는 무뚝뚝하게 대답했다. 카운터스의 행사와 성소수자의 행사에서 오토코구미 단원들이 자청하는 '자발적 경비'는 새삼스러울 게 없었다. 그런데 갑자기 오토코구미로 활동할 땐 묻지 않아도 됐을 정치 성향이 마음에 걸렸다. "유례가 없이 노골적으로" 뜨겁게 야당을 응원하는 오늘 시위 자리를 우익 다카하시는 어떻게 생각할까? 실즈의 트레이드 마크 "아베 정권 물러나라."라는 랩 형식의 구호가 다카하시와 나 사이에 흘렀다. 다카하시는 걱정을 지우라는 듯이 내 어깨를 쳤다.

"내가 아리타 요시후(有田芳生) 팬인 거 몰라?"

카운터스와 함께 오랫동안 헤이트 스피치 금지 법안을 추진해온 야당 의원의 이름은 우리 사이에 웃음이 다시 피게 했다.

"넷우익 녀석들이 말이야, 이번엔 실즈의 리더가 재일 한국인이라고 소문을 퍼뜨리고 있어. 협박 편지를 보낸 사람도 있다고 하더라고. 경찰도 그렇게 하겠지만, 우리도 경호해야지."

다카하시는 한참 동안 미소를 지은 채 랩과 경쾌한 구호가 어울려 콘서트처럼 진행되는 무대를 보고 있었다. 그러다 나를 돌아보며 말했다.

"이봐, 넷우익은 정말 멍청하지 않아? 뭐든지 일본 사람들이 못하는 걸 해내는 사람한텐 재일 한국인이라잖아. 그게 칭찬이란 거 모르나?"

어쩌면 다카하시는 선거 때 여당을 지지할 수도 있다. 헤이트 스피치가 아닌 다른 사안에서 오토코구미 단원들의 간극은 크게 벌어질지 모른다. 한때는 형제처럼 지냈지만 다른 시위에서는 반대편에서 만날 수도 있다.

하지만 적어도 그날 국회 앞 밤거리, 아직 미성년인 학생들과 유모차 부대가 어우러진 축제 같은 시위를 지켜보는 다카하시는 카운터스를 모아놓은 실즈의 편이었다. 이 축제에 든든한 '경비'를 자처하고 있었을 뿐이다. 수상한 사람이 보이면 곧장 달려가는 '즉각 행동'도 변함없었다.

크랙과 오토코구미는 이후에도 실즈의 모임이 있는 곳이면 어디든 달려갔다. 외국인 노동자가 많은 가나가와 현 가와사키에서 만난 도라지회 할머니들은 한복을 곱게 차려입고 "전쟁법 반대"를 외쳤다. 재일 한국인 1세와 2세로 이제는 모국어가 기억이 잘 안 난다며 웃는 할머니들은 오토코구미가 헤이트 스피치 반대 운동을 한다는 걸 알고 손을 꼭 잡아줬다.

"차별, 너무 익숙하긴 한데. 왜 또 그런데?"

할머니의 말씀에는 걱정이 묻어났다. 그렇게 오토코구미는 실즈와 함께 뜨거워지고 있었다. 일본의 국민이 모두 우경화된 건 아니라는 걸 다시 한 번 확인하면서 말이다.

무서운 형님들이 돌아왔다

히비야 공원에서는 실즈 시위대의 연설이 한창이었다. 그런데 그 연설을 덮을 듯 큰 소리가 들려왔다. 가이센 우익 선전 차량이 나타난 것이다. 확성기를 통해 실즈를 비난하는 소리가 거침없이 시위대 사이로 파고들었다. 일부 우익 지지자들이 시위대를 향해 물을 뿌리거나, 오물을 투척하는 경우는 있었어도, 선전 차량이 등장하는 건 처음이었다.

나는 바로 카메라를 고쳐 들고 소리가 나는 곳을 향해 달려갔다. 밖에는 검은 우익 차량이 많이 모여 있었고, 진행 요원은 위험하다고 철문을 열어주지 않았다. 문 옆의 담장을 뛰어넘었다. 담을 넘은 뒤 카메라를 넘겨받았지만, 몸을 일으키자마자 군복을 입은 우익 청년의 협박이 이어졌다.

"카메라 치워. 함부로 찍지 마!"

물론 오토코구미 단원으로서 재특회의 협박에 맷집을 키운 나에게 통하지 않는 말이었다. 멀리 감바라 변호사와 야마모토와 직수가 나를 향해 달려오고 있었다. 재특회에 비하면 가이센 우익은 순한 것처럼 보이기도 했다.

실즈의 집회는 오토코구미의 활동하고 결정적으로 다른 것이 있었다. 바로 경찰의 보호를 받는다는 것이다. 실즈의 집회도 분명히 사전에 허가를 받았기 때문에 경찰 기동대가 출동해 있었다. 실즈는 투표로 심판을 하겠다고 벼르는 대신 자민당 정치인을 비방하지는 않았다. 욕설이나 헤이트 스피치 없이 젊은이들이 만든 경쾌한 랩 구호를 외치며 퍼레이드를 한다. 시위대를 인도하는 차량이 천천히 앞으로 가고 있었다. 도로는 퍼레이드가 지나갈 동안 잠시 통제됐다. 그런데 돌발 상황이 일어났다.

나는 내 눈을 믿을 수 없었다. 트럭을 개조한 가이센 우익 차량이 차단이 안 된 맞은 편 차로에서 빠르게 달려오고 있었다. 그리고 그대로 중앙선을 넘어 돌진했다. 우익 차량은 선두 인도 차량과 맞부딪힐 듯 다가와서야 스키드 마크를 남기며 급제동했다. 시위 대열 사이에서는 비명이 일었다. 유모차 부대, 학생들, 고등학생들이 쏟아낸 소리였다.

허가받은 집회를 방해하는 정도가 아니었다. 중앙선을 침범한 것이다. 실즈 시위대 선두에 섰던 인도 차량이 천천히 움직이고 있었기 때문에 망정이지 자칫 잘못하면 충돌이 일어나 인명 사고가 일어날 수도 있었다.

더 놀라운 것은 경찰의 늦장 대응이었다. 재특회의 시위대를 반대하는 카운터스는 인도에 가둬두고, 연좌 농성을 하던 오토코구미 단원들에겐 도로교통법 위반이라며 현장에서 체포하던 경찰이 이번에는 어리둥절하게 서 있을 뿐이었다. 시위대 대열을 뛰쳐나와 가장 먼저 우익 차량에 항의를 제기한 사람은 역시 오토코구미 전 단원들이었다.

재특회 시위 현장에서 오토코구미를 돕던 감바라 변호사가 이번엔 오토코구미 단원인 나에게 도움을 청했다.

"혹시 가이센 우익 차량이 중앙선을 넘어오는 거 찍었습니까?"

내 눈으로 똑똑히 목격했지만, 너무 갑작스럽게 일어난 일이라 나는 확신이 없었다. 내가 놀라서 본능적으로 몸부터 돌렸던가? 카메라는 들고 있었던가? 반신반의하며 카메라를 돌려보았다. 발랄한 랩이 뚝 끊기면서 내 카메라는 방향을 급전환해 우익 차량이 돌진하는 장면을 정확히 포착했다. 감바라 변호사와 함께 환호성을 질렀다. 경찰

'민주주의를 되찾자'라는 현수막을 건 실즈의 선두 인도 차량을 막아선 가이센 차량.

에 항의장을 제출하고 합법적인 시위를 반대한 우익 차량에 대한 처벌을 요구할 증거를 확보했으니까. 어느새 곁으로 다가온 오토코구미 단원 야마모토와 직수도 증언을 하겠다고 약속했다.

그런데 문득 다카하시와 유지로가 떠오르며 혼란스러워졌다. 오토코구미가 해체한 뒤 유지로의 주도로 만들어진 단체가 있었다. 일종의 우익 단체 연합이었다. 카운터스 활동과는 별개로 유지로가 평소 관심 있던 미군반대운동을 연구하는 단체였다. 다카하시도 그 연합안에 작은 모임을 만들 계획이라고 했다.

다카하시는 재특회 시위에 가이센 우익 차량을 보내지 말도록 끈질기게 항의 이메일을 보내 동원을 막을 정도로 우익에 대한 자부심이 높다. 여기에 더해 재특회에 "기존 우익도 너희의 헤이트 스피치를 용인하지 않는다."라는 메시지를 주기 위해 오토코구미의 활동에 가이센 우익 차량을 동원하기까지 했다.

"진짜 우익은 재특회 같지 않아. 재특회는 일본 우익의 이름을 더럽히고 있어."

실제로 다카하시는 여러 차례 분노했다. 경찰이 카운터스 활동을 막아설 때도 "나도 우익이라고요. 이건 좌익, 우익 사이의 싸움이 아니라 정의와 부정의 싸움입니다!"라고 단호하게 나섰다.

그런데 자신이 그토록 자랑스러워하는 우익을 고발한다는 것에 대해 다카하시는 어떻게 반응할까. 내 걱정에 오히려 화를 낸 것은 야마타쿠였다. 자신에게 욕설을 퍼붓는 재특회 회원과 맹렬하게 대치하다가도 사석에서 술 한 잔 건네며 타일러 보고 싶다던 온화한 성격의 야마타쿠가 내 의혹을 잘라내듯 말했다.

"다카하시는 그런 우익이 아녜요. 같은 취급하지 않았으면 좋겠어요. 이런 걸 용서할 리가 없잖아요. 지난번 실즈 시위에도 어린아이들과 여자들이 많다는 걸 알고 자진해서 경비하러 나왔잖아요."

그 순간을 잊을 수 없다. 어쩌면 정치 성향이 다르다는 이유로 좌익과 우익을 나누고, 편견을 가지고 차별을 한 사람은 나였을지 모른다. 오토코구미는 현장에 나와서 또 길 위에서 행동으로 세상을 바꾼다는 믿음을 가진 사람들이었다. 그 사람들은 키보드를 두드리며 울분을 터뜨리고 희생양을 찾는 대신 광장으로 나와 자신과 비슷한 뜻을 가진 사람을 찾았다. 재특회처럼 인터넷으로 생방송 동영상으로 차별이라는 '오락 거리'를 소비하면서 시간을 보내지 않았다. 이 점에서 실즈와 카운터스는 많이 닮아있었다. 감바라 변호사가 고개를 끄덕였다.

"카운터스에는 여러 타입의 사람들이 있습니다. 우익도, 좌익도, 또 저 같은 변호사도, 뮤지션도 있어서 힘이 나고 재밌습니다. 여러 모습의 사람들, 다양한 직업의 사람들이 재특회를 멈추고자 집합해 힘을 합치게 되는 이런 일이야말로 시민운동이 아닌가 싶습니다. 이런 부류는 안 된다고 배제해버리면 앞으로 나아가기가 쉽지 않아요."

혐오, 우경화를 낳는 오락

재특회를 만든 건 사쿠라이 마코토다. 그러나 퇴임한 뒤 재특회는 유기적인 생물체처럼 변모하고 있었다.

2014년 12월 1일, 재특회의 새 회장이 취임했다. 바로 1974년생 야기 야스히로(八木康洋)다. 고졸에 아르바이트를 전전했다고 알려진 사쿠라이 마코토와는 대조적인 배경을 가졌다. 야기 회장은 도쿄공업대학을 졸업하고, 도쿄대학교 대학원에서 석사 학위를 취득한 뒤, 화학 업체에 근무한 것으로 알려졌다.

엘리트 회장의 등장은 재특회를 비롯한 넷우익에 관한 기존의 평가를 뒤집는 연구 결과로 이어졌다. 넷우익이 사회적으로 소외당하나 저학력자만으로 이뤄진 게 아니라는 것이다. 야기 야스히로는 새로운 연구 결과를 보여주는 대표적인 인물로 꼽힌다.

그런데 언뜻 날카로워 보이는 인상의 야기 회장의 얼굴은 낯설지 않다. 순간 2009년 연말 교토 조선제1초급학교에서 있었던 세 차례의 재특회 습격이 떠올랐다. 1차 습격에는 없지만, 다음 해 연초 확성기를 단 선전 차량까지 동원했던 2차와 3차 습격에 등장한 연설자가 바로 야기 야스히로였다.

이미 2009년부터 재특회의 요직을 맡고 있었다는 사실을 엿보게 하는 동영상이었다. 야기 회장의 행보는 여러모로 사쿠라이 마코토와 대조적이다. 사쿠라이 마코토가 생방송으로 자신의 과격한 언행을 공개하던 것과는 달리 야기 야스히로는 미디어에 잘 나서지 않았다. 물론 오토코구미 단원들의 지속적인 시위로 드왕고가 '니코니코 생방송' 채널을 폐쇄한 것도 큰 이유겠지만 말이다. 대신 야기 회장은 정치권을 향해 적극적으로 활동하겠다는 운영 방침을 밝힌 바 있다. 실제로 우익정당 '유신정당 신풍'의 당적을 보유하고 있다고 알려져있다.

'유신정당 신풍'은 재특회와 똑 닮은 주장을 하는 극우정당이다. 설마 그런 말도 안 되는 선동을 하겠느냐는 생각을 할 수도 있다. 하지만 이 정당의 대표인 스즈키 노부유키(鈴木伸之)는 2015년 5월, '위안부' 피해자를 모욕하는 소녀상과 '다케시마는 일본 영토'라는 글귀가 적힌 말뚝 모형을 한국으로 보낸 정치인이다. 스즈키 노부유키의 이런 행보는 2015년이 처음이 아니었다. 2012년 주한 일본대사관 앞에 설치된 소녀상과 일본 이시카와 현에 있는 윤봉길 의사의 순국기념비 옆에 말뚝 테러를 한 장본인으로 한국 법원에서 배상 판결을 받기도 했다. 더 놀라운 것은 스즈키 노부유키가 자신의 블로그를 통해 자신이 한 일을 자랑하듯 자세히 보고하고 있다는 사실이다.

"한일기본조약 체결 50주년을 기념할 만한 해로 정대협과 나눔의 집에 소녀상을 보냈다. '위안부' 박물관에 전시했으면 기쁘겠다."

스즈키 노부유키는 참의원 선거에서 낙선했지만, 정당의 지지도를 가늠해보면 무서운 사실이 드러난다. 혐한 시위가 한창이던 2013년 7월 제23회 참의원 선거에서 '유신정당 신풍' 후보자는 도쿄에서 6년 전보다 3배 가까운 득표를, 수도권 지바 선거구와 가나가와 선거구에서는 각기 4만 표로 선전한 것으로 나타났다. 재특회 시위에 등장하는 사람은 불과 몇백 명일지 몰라도, 재특회의 주장에 심정적으로 동의하고 표심으로 그 동의를 표현하는 일본인이 수도권에만 10만 명이 넘는다는 분석이 나왔다. 한일 감정을 자극할수록 표심도 올라간다는 평가가 가능했다.

감바라 변호사가 지적했듯, 정치인들의 망언에 노출돼 무감해졌던 대중은 이제 재특회의 악의적 선동에 반응하고 있다. 재특회의 활동은 눈에 띄고 공공연하다. 그러나 대다수의 혐한론자들은 소리를 내지 않은 채, 조용히 모니터 뒤에 숨어 즐기고 있을지 모른다. 반세기 동안 살아오면서 차별이 없는 세상은 경험해보지 못했다는 재일 한 국인 신숙옥 씨의 말이 떠올랐다.

"차별은 쾌락이고 오락이에요. 사회가 빈곤해질수록 돈이 안 드는 오락이 필요해요. 그게 바로 차별이죠. 스포츠를 하는 것과 마찬가지로 나라가 국민에게 주는 오락이 차별이에요. 그 차별을 할 것인가 안 할 것인가는 그 사람의 속(마음)의 문제인 거죠. 머리의 문제가 아니에요."

재특회는 인터넷에서만 존재하던 악의적인 선동과 거짓을 거리에 풀어놓았다. 재특회가 다음에 내놓을 차별이라는 '오락 거리'는 또 누구를 표적으로 하게 될까?

2015년, 재특회의 부활

재특회는 신오쿠보 시위가 중지된 이후로 별다른 이슈를 잡지 못하고 있는 듯 보였다. 도쿄 도심에서 시위를 벌이긴 했지만, 사쿠라이 마코토는 등장하지 않았다. 해체한 오토코구미의 단체 채팅방은 국내외에서 큰일이 있을 때마다 들썩였다. 채팅방에는 크고 작은 재특회 시위에 자율적으로 카운터스를 나갔던 경험이 올라오기도 했다. 재특회의 악명 높은 회원의 동태를 파악해서 보고하는 단원도 있었다.

퇴임한 뒤 한동안 모습을 보이지 않았던 사쿠라이 마코토가 다시 일본 언론을 장식하기 시작한 건 실즈의 시위로 국회의사당 앞이 떠

들썩하던 2015년 8월이었다. 종전 70주년을 앞두고 평화헌법 9조를 지키겠다는 시민들과 재특회가 대립했다. 실즈가 "전쟁 반대! 야스쿠니 반대!"를 외치면, 재특회는 "8월 15일은 종전기념일이 아니라 패전의 날"이라며 군국주의적인 발언을 이어갔다. 그리고 야스쿠니 신사 폭탄 테러의 용의자로 한국인이 지명되자 사쿠라이 마코토는 부활한 듯 보였다.

사쿠라이 마코토는 재특회 회원이 아니더라도 적절한 기폭제만 있다면, 이번에도 200명 시위대로 2만 명을 끌어들이는 능력을 보여줄 수 있다고 믿는 것 같았다. 실제로 사쿠라이 마코토는 2011년부터 파친코, '위안부' 피해자, 독도 문제뿐만 아니라 재일 한국인의 범죄가 있을 때마다 자신의 주장이 맞지 않았느냐며 혐오 발언을 쏟아내 왔다. 소박한 애국심을 가진 일반 시민들이 자신의 선동에 반응하는지 테스트해왔던 건 아닐까? 사쿠라이 마코토는 나하고 한 인터뷰에서 나에게 도발적인 말을 던졌다.

"다음 20일에 더 알게 되지 않겠습니까? 야스쿠니 폭발 사건으로 인하여 테러리스트에 반대하고 일본에서 테러리즘을 근절하자는 시위를 하니까요. 저희도 얼마나 모일지, 또 카운터스는 얼마나 올지 궁금합니다."

사쿠라이 마코토는 카운터스의 근황에 관해서 자세히 알고 있었다. 오토코구미 해산도 사쿠라이 마코토의 혀 위에 올랐다.

"오토코구미 사람들이 계속해서 없어지고 있잖습니까? 공중분해된 거잖아요. 이런 사람들을 보면 10년 동안이나 운동을 해온 저희의 끈기라고 할까요. 인터넷 회원이 1만 5천 명이고, 내가 시위를 소집하면 참석하는 사람이 최소 100여 명은 됩니다. 다음 집회엔 또 얼마나 나올까요?"

그리고 고작 3일이 지난 뒤, 그러나 재특회로서는 2년 3개월 만에 도쿄 신오쿠보에서 시위를 벌인 것이다.

혐한 구호, 다시 신오쿠보를 점령하다

2015년 12월 20일, 도쿄 신오쿠보에는 긴장감이 흘렀다. 나는 3일 전, 단독 인터뷰에서 사쿠라이 재특회 전 회장의 초청을 받았다.

"재특회 시위대와 함께 촬영해도 좋습니다. 얘기해두지요."

한때는 내 목을 조른 경호원과 카메라만 보면 호통을 치던 재특회 회원들이 생글생글 웃으며 나를 맞았다. 재특회 시위대는 이날 180여 명이나 모였다. 경찰은 2년여 전과 마찬가지로 시위대를 둘러싼 안전 띠 노릇을 했다. 내가 사쿠라이 마코토의 옆에서 촬영을 하는 동안 카운터의 활동을 찍어줄 동료를 미리 섭외했다. 역시 영화를 촬영한 경험이 있는 친구라 긴박한 상황에 내 지시에 맞춰 민첩하게 움직일 수 있었다.

오랜만에 대규모 시위대와 함께하는 사쿠라이 마코토는 무척 들떠 있는 듯 보였다. 2015년 12월 20일, 재특회 시위대의 목소리에는 유난히 힘이 실렸다. "한국인들을 몰아내라."라는 단순한 구호에 이유까지 덧붙일 수 있었기 때문이다.

"테러리스트 한국인을 일본에서 쫓아내자!"

그날 나는 처음으로 재특회 대열에서 내가 속해 있던 오토코구미가 서 있는 자리를 바라봤다. 빽빽하게 선 카운터스를 가로막고 있는 기동대 사이에서 필사적으로 내민 손이 보였다. 카운터스는 목을 길게 빼고 목청을 높이고 있었다. 재특회 시위대가 한인 상가 쪽으로 진입하지 못하게 막으려고 했지만, 이미 경찰은 시위대를 위해 길을 터놓은 상황이었다. 재특회 시위대가 거칠 것은 없었다. 저 멀리에서 낯익은 플래카드 부대와 쇼메이 부대가 안타까움에 발을 동동거리고 있었다. 해산한 오토코구미의 단원 몇 명이 경찰을 뿌리치고 시위대 앞을 가로지르려고 했다. 그러나 역부족이었다. 곳곳에서 크고 작은 충돌이 이어졌다. 재특회와 카운터스의 드센 말싸움이 계속됐다. 두 세력은 금방이라도 몸을 부딪칠 것만 같았다. 시위 현장은 긴장의 연속이었지만, 큰 마찰은 일어나지 않았다. 언제나처럼 시위대보다 더 많은 수의 경찰이 필사적으로 카운터스를 인도로 밀어내고 있었다. 나를 도와 카운터스 진영에서 촬영을 하던 친구가 사람들에게 밀려 넘어지는 모습이 보였다. 친구가 들고 있던 카메라는 그대로 도로 위에 내팽개쳐졌다.

오토코구미가 없는 시위 현장에는 분노가 흘렀다. 결국, 카운터스는 재특회 시위대를 막아내지 못했다. 경찰에 포위된 것은 재특회가 아닌 카운터스였다. 가로수에는 어느새 '재일 한국인은 범죄자'라고 적힌 유인물이 붙어있었다. 노치가 유인물을 떼기 전에 먼저 사진을 찍고 있었다. 시위 장소가 아닌 곳에 붙은 유인물은 신고할 수 있기 때문이었다. 이런 증거를 모으면 재특회의 불법 행위에 항의할 수 있었다.

"이거라도 해야죠."

오토코구미 단원들이 열심히 주변을 살피고 있었다. 도쿄의 중심부를 공포로 휩쓸고 가는 헤이트 스피치가 경찰의 보호까지 받는 '표현의 자유'인 곳에서 단단한 틀을 깨는 일은 참 고단한 작업이었다.

사쿠라이 마코토는 2016년 새해 벽두부터 재특회 전 회장이라는 타이틀로 다시 미디어의 스포트라이트를 받기 시작했다. 한국과 일본이 '위안부' 문제를 합의한 데 반발해 대규모 시위를 예고하고 나선 것이다. 1월 6일, 재특회는 "한국인의 거짓말"이라고 적힌 현수막 아래 "지옥에서 매춘하라!", "'위안부'는 합법이다!"라는 구호를 외치고 있었다. 재특회의 악의적인 선동은 아베 신조 총리의 최측근인 이나다 도모미(稻田朋美) 자민당 정조회장의 말을 통해서도 똑같이 흘러나왔다.

"'20만 명의 젊은 여성을 강제 연행해 성노예로서 죽였다.'라는 증언은 잘못됐습니다. 그것을 알리기 위해 소녀상을 철거해야 합니다."

2016년 새해, 일본은 혐한 구호에 다시 점령당했다.

エピローグ

새로운 시작

오토코구미 단체 채팅방에서도 다카하시는 한참 동안 침묵했다. 그런데 한순간 알림이 쉴 새 없이 울렸다. 단원들이 한꺼번에 '와~'라는 환성을 입력하고 있었다. 무슨 내용인지 확인하려면 한참 창을 거슬러 올라가야 했다. 한참 거슬러 올라간 뒤에야 평소 오프라인에서 만날 때처럼 온라인 단체 채팅방에서도 과묵한 다카하시의 메시지가 보였다. 날짜가 먼저 눈에 들어왔다.

다카하시: 2016년 2월 13일…

갑자기 가슴속에 무언가가 차오르는 느낌이 들었다.

다카하시: 오토코구미는 올해 한국 사람에게 보여주고 싶은 것들이 있어요. 우선은 회의한 뒤 오토코구미 부활 이벤트를 하겠습니다.

간결한 메시지 하나는 70여 명 오토코구미 단원들을 환호하게 했다. 아무도 오토코구미를 다시 하자고 내놓고 말을 하지 못했다. 특히 대장 다카하시는 현재 집행유예인 상태였다.

오토코구미는 부활한다.

채팅방에 올라온 말이 다카하시의 육성으로 들려왔다. 우리 모두
그 행간을 읽을 수 있었다. 오토코구미는 임무가 끝났으니 해산했다.
그리고 지금은 할 일이 생겼으니 다시 뭉치는 것이다. 확실하지 않았
지만, 올해 4월쯤이면 오토코구미는 다시 뭉치게 될 것이다.

오토코구미를 재결성하기로 하고 며칠이 지난 뒤, 다카하시를 만날
수 있었다. 다카하시는 '형제 같은' 기모토와 함께였다. 재결성하자는
소식에 단원들은 환호했지만, 다카하시의 표정은 밝지 않았다. 재결
성을 결심한 이유를 물었다.

"그냥 술 마시다 얘기 나온 거야."

다카하시는 은근슬쩍 넘어가려 했지만, 나는 끈질기게 물었다. 오
토코구미의 부활을 말하면서 올해 "한국에 보여줄 것이 많다."라고
한 말의 뜻도 궁금했다.

"처음 재특회를 알고 나서 재특회 시위에 합류한 까닭은 재특회
주장에 놀랐기 때문이야. 그냥 믿어버린 거야. 한국에 대해서 잘 몰
랐으니까. 아니, 이 사람들이 이렇게 우리나라에 손해를 끼치고 있단
말이야? 안 되겠네. 알아봐야겠다. 이런 진짜 소박한 애국심 때문에
시위에 나간 거라고. 오토코구미 활동을 하면서 만난 재특회 회원 중
에도 나 같은 사람이 많아. 재특회 주장에 쉽게 설득되는 사람들…."

재특회의 주장에 사람들이 귀를 기울이지 않도록 소리를 지르고,
재특회 시위 참가자에게 '설교'를 하고 싶어 하는 것도 모두 자기가
겪은 경험 때문이라고 했다. 실제로 설교를 듣고 재특회에서 벗어나

오토코구미에 입단한 사람들도 있다.

거리와 인터넷에서 재일 한국인을 추방해야 한다고 외치는 사람 중에는 정말 소박하게 "내 나라를 위해서 이 시위를 한다."라고 사명감을 느끼는 사람이 있다. 다카하시조차 재특회가 여자와 아이들을 괴롭히는 걸 목격하지 않았다면, 재특회 시위에 참가하는 게 진짜 애국하는 일이라는 착각에서 깨어나지 못했을지도 모른다.

"사쿠라이 마코토가 '일본은 70년이나 사죄해왔다. 벌써 70년이다. 언제까지 사죄해야 하나.'라고 호통을 칠 때면 나도 정말 그렇다는 생각이 들었거든. 그런데 재특회가 '위안부는 없었다.', '재일 한국인 내쫓아라.' 이렇게 외치는 걸 한국 사람들이 보면, 일본은 아직도 과거를 뉘우치지 않았다고 생각하겠지. 저게 사죄한 거야? 제대로 사과하라는 생각을 할 거야. 그 사람들이 일본 사람의 전부가 아닌데 말이야. 그래서 한국 사람들에게 알리고 싶어. 한국에서는 재특회 시위는 때마다 방송에 내보내면서 카운터스는 거의 소개하지 않더라고. 일본에 이런 사람들도 있다는 걸 소개해줘. 내가 뭘 잘한다는 칭찬을 해달라는 게 아니야. 나는 바보라 폭력 밖에 못 쓰니까."

오토코구미의 다음 카운터스 활동은 언제일지, 어떤 식일지는 아직 정해지지 않았다. 회원들의 의견을 수렴해 결정해야 하니까. 다만 모집 조건은 여전했다.

현장 최전선에서 싸울 수 있는 사람

여자도 지원할 수 있고, 싸움 실력도 따로 검증하지 않는다. 파리1인지부와 한국1인 지부처럼 SNS를 통해 활동하는 것도 좋다. 팔뚝을 타고 오르는 용 문신을 자랑하며 전직 야쿠자로서 온몸으로 폭력성을 뿜어내던 시절의 다카하시를 보면서도 이 사람과 말이 통하겠다고 확신한 이토 씨의 사람을 판단하는 기준은 딱 하나였다. 그건 바로 성품이다.

"누군가 차별을 받거나, 옳지 않다고 생각하는 일이 벌어지는 걸 참을 수 없는 사람이 있어요. 우리는 그냥 그런 사람들이에요."

오토코구미라는 이름은 'ASM(Anti-Segregationist-the Menfolk: 반분리주의자)'으로 바뀔 예정이다. 우리끼리 로고도 만들었는데, 단원들 사이에서는 재일 한국인을 위해 한국 검과 일본 검이 서로 겹치는 형태가 지지를 받고 있다. 야마모토가 낸 "차별 같은 걸 하면 혼내는 무서운 동네 아저씨"처럼 보이기 위해 해골 그림을 넣자는 아이디어도 검토 중이다.

오토코구미의 재정비를 논의하다 야스다 기자와 한국의 일베에 관해 이야기할 기회가 생겼다. 야스다 기자도 처음에는 제한된 자료만 보고도 두 단체의 유사성에 놀랐다고 했다. 일단 재특회처럼 인터넷이 시작이고, 인터넷을 중심으로 사람이 모여서 어떤 일들을 도모하는 점이 닮았다. 그리고 재특회와 일베는 길거리에서 활동하기도 하지만, 이런 길거리 활동은 궁극적인 목적이 아니라 인터넷에서 자신의 힘을 키우기 위한 하나의 도구라고 생각한다고 했다. 야스다 기자는 특히 재특회와 일베 양쪽이 인터넷을 벗어나 거리로 나선 이유도 흡사하지만, 더 놀라운 유사성이 따로 있다고 했다.

"세월호 사고가 일어나고 며칠 뒤 우연히 한국에 일이 있어서 갔습니다. 그 당시 일베 사람들이 인터넷에서 일러스트를 퍼트린 것을 봤는데요. 세월호 유족들에게 왕관을 씌우고 국민이 유족들에게 고개를 숙이고 있는 그림이었지요. 다시 말하면 피해자가 특권을 갖고 있다는 주장입니다. '피해자들이 그렇게 대단한 거야?' 이런 생각이 그 그림에 그대로 표현됩니다. 일반 국민과 대통령이 고개를 숙이고 있으니까요. '유족이 그렇게 대단해? 피해자가 그런 권리를 갖고 있어도 돼?' 이런 내용은 재특회의 주장하고 공통점이 있습니다. 철저히 깔보는 것이 아니라 도가 넘는 특권을 갖고 있다고 주장하는 부분은 재특회하고 꽤 비슷하다고 생각합니다. 그런데 일베는 한국 우익과 다르더군요. 좌익을 없애자고 주장하는 우익하고 비슷한 느낌이 아니에요. 오히려 세련돼서 더 무섭습니다. 대상이 넓잖아요. 외국인이기도 하고, 전라도 지역이기도 하고, 세월호 피해자들이기도 하죠. 특히 세월호 피해자와 외국인 노동자들을 향한 시선은 어딘가 재특회와 비슷하다고 생각합니다."

우리의 대화를 들은 오토코구미 단원들은 흥미를 보였다. 2년 동안이나 재특회와 총력전을 벌인 사람들이었다. 이제 다시금 활동을 시작하기로 했지만, 단원들은 다들 조금씩 지쳐있었다.

"처음 재특회가 이상한 짓을 하고 다닐 때 나섰어야 했어. 코리아타운에 오기 5년 전부터 알았는데 말이야. 그러니까 한국도 미리미리 막아야 할걸?"

유지로는 자책 섞인 푸념을 했다. 그런데 다카하시는 오히려 싱글싱글 웃으면서 나를 바라보았다.

"그럼 한국에도 오토코구미가 생기는 건가? 더 늦기 전에 이 감독이 만들면 어때?"

KI신서 6399

카운터스

초판 1쇄 인쇄 2016년 2월 24일
초판 1쇄 발행 2016년 2월 29일

지은이 이일하
펴낸이 김영곤
펴낸곳 ㈜북이십일 21세기북스
문학출판사업본부장 신우섭
미디어믹스팀장 장선영
편집 김성현 **표지디자인** 석운디자인 **본문디자인** 박선향
미디어믹스팀 임세은 이상화
문학영업마케팅팀장 권장규
문학영업마케팅팀 김한성 최소라 엄관식

출판등록 2000년 5월 6일 제10-1965호
주소 (10881) 경기도 파주시 회동길 201(문발동)
대표전화 031-955-2100 **팩스** 031-955-2151 **이메일** book21@book21.co.kr
홈페이지 www.book21.com **블로그** b.book21.com
페이스북 facebook.com/21cbooks **인스타그램** instagram.com/21cbooks

ISBN 978-89-509-6346-0 03300
책값은 뒤표지에 있습니다.
Photo Copyright ⓒ Rody

2013년 11월 10일, 긴자에서 혐한 시위가 열렸다. 경찰이 혐한 시위대를 보호하고 있다.

2015년 10월. 일본경제산업성 앞에서 열린 카운터스 활동. 카운터스 중 소란을 피우는 부대가 활동했다.

▲ 2014년 1월 9일, 외국인이 많이 사는 도쿄의 니시카와구치와 아라비에서 헤이트 스피치를 막으려는 카운터스.

▼ 만화가인 오토코구미 단원은 만화로 헤이트 스피치에 저항한다.

2015년 도쿄대행진의 한 장면. 도쿄대행진은 2013년부터 매해 열리고 있다.

▲ 2015년 1월, 도쿄 오야마 역 앞에서 혐오 시위를 막는 카운터스 활동.
▼ 2014년 4월, 아베 총리가 주최한 행사에서 "파시스트 아베, 그만"이라고 항의하고 있는 유지로.

2014년 9월. 집단적 자위권을 허용하는 안보법 개정을 저지하기 위해 국회 앞에서 벌인 시위.

2014년 9월, 도쿄 긴자의 카운터스 활동.

다양한 카운터스의 모습.